陈陈精忠万古传

陈三才、陈华薰烈士图册

陆宜泰　主编

苏州大学出版社
Soochow University Press

图书在版编目(CIP)数据

赫赫精忠事可传:陈三才、陈华薰烈士图册 / 陆宜泰主编. —苏州: 苏州大学出版社,2019.1
ISBN 978-7-5672-2717-0

Ⅰ.①赫… Ⅱ.①陆… Ⅲ.①陈三才—传记—图集 ②陈华薰—传记—图集 Ⅳ.①K827=6

中国版本图书馆 CIP 数据核字(2018)第 289498 号

书　　名:赫赫精忠事可传——陈三才、陈华薰烈士图册
主　　编:陆宜泰
策　　划:洪少华
责任编辑:洪少华
装帧设计:万　庆　刘　明　吴　钰
出版发行:苏州大学出版社(Soochow University Press)
社　　址:苏州市十梓街 1 号　邮编:215006
印　　刷:苏州市深广印刷有限公司
网　　址:www.sudapress.com
邮　　箱:sdcbs@suda.edu.cn
邮购热线:0512-67480030
销售热线:0512-67481020
开　　本:889 mm×1 194 mm　1/16　**印张**:10　**字数**:190 千
版　　次:2019 年 1 月第 1 版
印　　次:2019 年 1 月第 1 次印刷
书　　号:ISBN 978-7-5672-2717-0
定　　价:88.00 元

凡购本社图书发现印装错误,请与本社联系调换。服务热线:0512-67481020

编委会名单

序

习近平总书记在颁发中国人民抗日战争胜利70周年纪念章仪式上说：一个有希望的民族不能没有英雄，一个有前途的国家不能没有先锋。包括抗战英雄在内的一切民族英雄，都是中华民族的脊梁。他们的事迹和精神都是激励我们前行的强大力量。

江苏省昆山市锦溪镇（旧称陈墓镇）在抗日战争时期也出现了两位“赫赫精忠事可传”的抗战殉国英雄，他们就是受人们景仰的陈三才和陈华薰。80多年前，日寇侵略中国，当国家生灵涂炭、民不聊生、国破山河碎的危难之际，陈三才、陈华薰两位英雄为了国家利益、民族独立，毅然决然放下自己的事业，走上了抗日之路，并为之英勇献身，成为“中华民族的脊梁”，名闻华夏大地，永被后人敬仰。

陈三才（1902—1940），名定达，号偶卿，1902年8月出生于昆山县陈墓镇。清华大学毕业后，赴美国伍斯特理工学院留学。毕业后入美国著名的西屋电机公司工作。1926年回国后在上海任北极公司总经理，经营冰箱及制冷、电气业务，他还任上海清华同学会会长、联青社社长等职务。1931年发起组织中国工程师学会。抗日战争爆发后，他为国出钱出力，亲赴抗日前线，协助军队构筑工事。后因参与刺杀大汉奸汪精卫未成，被76号特务逮捕，1940年10月2日壮烈牺牲于南京雨花台。

清华大学90周年校庆时，陈三才的名字被刻在“祖国儿女　清华英烈”纪念碑上。2014年12月，江苏省民政厅追认陈三才为烈士。

陈华薰（1923—1945），昆山县陈墓镇人。在昆明中法大学物理系读书时，亲眼目睹日机惨绝人寰地对昆明的野蛮轰炸，陈华薰毅然投笔从戎，被中国空军军官学校录取，后被选送到美国深造。学成归来，正式编入“中国空军美国志愿援华航空队”（被国人称为“飞虎队”）第三大队第八中队。1945年1月5日，汉口上空发现敌机影踪，陈华薰受命驾驶P-40型675号飞机去拦截，他冒着日寇的猛烈炮火，作低空俯冲，对日机往返扫射8次，当再次投弹时，不幸被日军高射炮射中而壮烈殉国。

陈三才、陈华薰两位英雄作为抗击日本侵略者的杰出代表，是中华民族的英雄，也是家乡昆山市和锦溪镇的荣光和骄傲。“玉山葱葱，莲池融融，灵秀此乡钟。”诚如锦溪乡贤陈子彝先生的这几句歌词所言，昆山锦溪是钟灵毓秀之乡；而且此地民风淳厚，崇尚礼义。正是这片灵秀之地和礼义之乡，才孕育了陈三才和陈华薰两位具有满腔爱国正义的抗日烈士。他们的爱国精神将永远被后人崇仰。

为了让后人学习他们的英雄事迹，锦溪杰出人物馆馆长、乡友陆宜泰先生长期不畏艰辛，奔波各地，努力搜集陈三才、陈华薰两位英雄的珍贵历史照片、图片300多幅，汇集出版《赫赫精忠事可传——陈三才、陈华薰烈士图册》，从而使两位烈士可歌可泣的壮举和丰富多彩的短暂人生故事得以流传后世，光耀千古。

笔者怀着敬仰之情读此图册数遍，深受感动，不禁吟哦一联：浩浩正气冲霄汉，赫赫精忠事可传。

蔡华同

2018年12月6日于北京

（蔡华同，1934年生，昆山市锦溪镇人，早年毕业于复旦大学中文系。退休前曾任中央军委办公厅正师职秘书，耿彪副总理办公室秘书，全国人大外事委员会办公室主任等职。）

目 录

清华英烈

陈三才烈士

陈三才烈士

(1902 .08 — 1940.10)

陈三才烈士生平简介

陆宜泰

陈定达，字三才，号偶卿，以字行。1902年8月4日出生于江苏昆山陈墓镇（现昆山市锦溪镇）下塘街众安桥东堍南陈敦和里。自幼聪明好学，14岁，江苏省立二中（现苏州市一中）毕业，保送北京清华学校，1920年毕业并赴美留学，期间曾任留美学生会主席，并担任足球队、网球队队长。1924年毕业获得学位并入美国著名的西屋电机公司实习工作。1926年回国后在上海经营北极公司。平时关心国家大事，热心公益事业，曾担任上海清华同学会会长、上海联青社社长。1931年发起组织“中国工程师学会”，顾毓琇任副会长。抗日战争期间，他积极投入抗战，出钱又出力，亲赴抗日前线，协助军队构筑工事等等。后因参与谋刺大汉奸汪精卫未遂事泄，被日伪76号特务逮捕，1940年10月2日被害于南京雨花台，英年三十九岁。临终前，视死如归，气壮山河。

1942年2月1日，黄炎培、顾毓琇等社会名士41人在重庆发起追悼大会，隆重纪念陈三才烈士。黄炎培、冯玉祥等在追悼会上演讲并作诗悼念。抗战胜利后，他的同龄知己、同窗好友顾毓琇教授，在上海国际礼拜堂主持追悼会，缅怀英烈忠魂。

1979年10月30日，江泽民同志到美国费城探望他的恩师顾毓琇时，顾老满怀深情地向他追忆陈三才烈士的事迹，2001年，清华大学90周年校庆时，将陈三才的英名铭刻在“祖国儿女　清华英烈”纪念碑上。

1942年2月1日，黄炎培先生在追悼会上朗诵了他撰写的悼诗《陈三才》：

书生作贼贼计滋益凶，
书生杀贼杀术或未工。
金风剪剪鸣秋淞，
白郎林袖藏龙钟。
左手捉其腕，
右手指其胸。
一击不中隳全功，
壮哉三才人中龙。
负笈万里重洋通，
百工有学君是宗。
余泽既及千儿童，
大义咸奋冠发冲。
谨厚亦复心理同，
呜乎汉贼不两立。
敌我不两容，
请读虏廷侃侃君亲供。

人憎柔靡三吴风，
从此乡耻雪阖茸。
民纪廿九秋涉冬，
雨花台血翻天红。
呜乎杀贼不成兮，
君当为鬼雄。

2000年1月28日，百岁老人顾毓琇在给编者陆宜泰先生的亲笔复信中重录30年前悼念陈三才烈士的诗：

赫赫精忠事可传，
英灵遥望太平年。
美邦负笈身心健，
沪海经营事业先。
西泠桥边云掩月，
雨花台上气冲天。
痛除汉贼计谋泄，
陈氏三才志节坚。

2001年4日5日，全国人大原副委员长费孝通先生亲笔为“陈三才烈士纪念馆”题写馆名。

2014年12月8日，经江苏省民政厅并请示国家民政部优抚局烈士褒扬处同意，认定陈三才烈士身份。

一、青春发光的年华

1916年，刚从苏州草桥中学毕业考入清华学校的陈三才

1926—1940年，陈三才出任北极公司总经理兼中国通惠机器公司副总裁、常务董事

苏州颜家巷（39—43号）陈宅13人合影（后排左一为陈三才）

1918年，清华学校足球队队员合影（前坐右二为陈三才）

1918年，陈三才（前排右三）与清华学校足球队队友合影

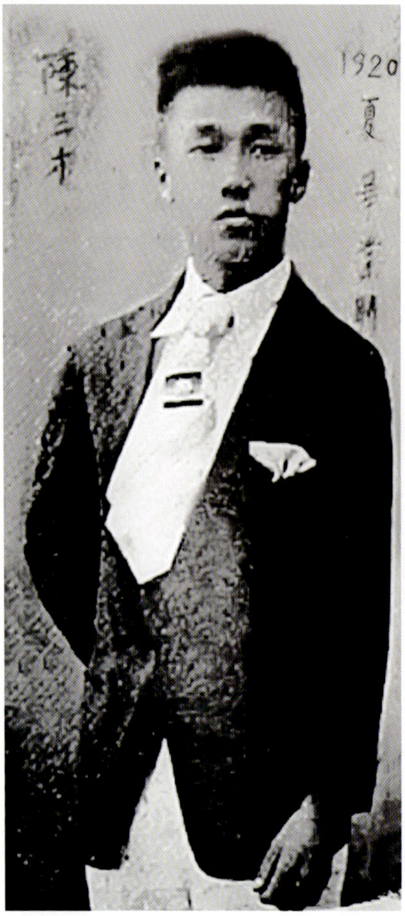

1920年清华学校中等科毕业时的陈三才

1920年下半年，陈三才（后）刚到美国与同学萨本铁在伍斯特理工学院合影

1921年，陈三才在伍斯特理工学院足球场上练球

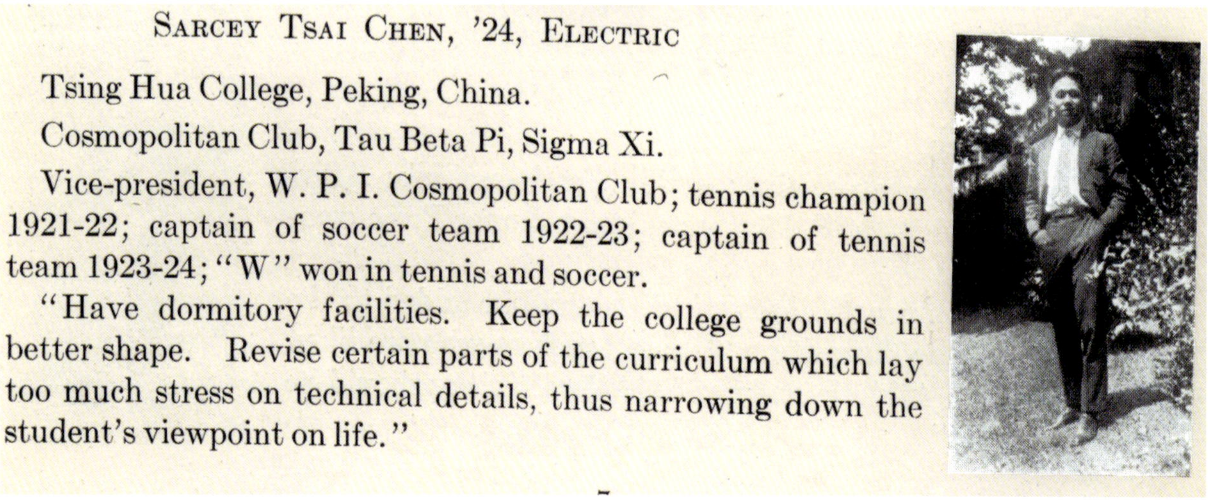

SARCEY TSAI CHEN, '24, ELECTRIC

Tsing Hua College, Peking, China.

Cosmopolitan Club, Tau Beta Pi, Sigma Xi.

Vice-president, W. P. I. Cosmopolitan Club; tennis champion 1921-22; captain of soccer team 1922-23; captain of tennis team 1923-24; "W" won in tennis and soccer.

"Have dormitory facilities. Keep the college grounds in better shape. Revise certain parts of the curriculum which lay too much stress on technical details, thus narrowing down the student's viewpoint on life."

陈三才在伍斯特理工学院留影。1920—1924年，陈三才在美国伍斯特理工学院刻苦、勤奋学习，赢得了校方的表彰、领导的器重、同学的爱戴

AFTER MATH

SARCEY CHEN, *Captain*

JOHNNIE JOHNSON, *Manager*

SCHEDULE AND RESULTS

		W. P. I.	OPP.
Apr. 26.	Tufts	1	5
May 3.	Holy Cross	1	5
6.	Boston University	0	6
10.	Springfield	0	6
14.	Assumption	6	0
17.	Northeastern	rain	
24.	Vermont	6	0
June 7.	Alumni	game called	

19 24

Page one hundred ninety-six

陈三才在伍斯特理工学院网球场上练球

SARCEY SAN-TSAI CHEN

"S. T"

TBΠ Corda Fratres ΣΞ

Electric

Born August 4, 1902, Soochow, China Prep. Second Provincial Middle School of Kiangsu, Tsing Hua College, Peking, China; entered W. P. I., 1920.

"W" Tennis "W" Soccer
"1923" Soccer

"W" Tennis (3, 4); Singles Championship 3; "W" Soccer (3, 4); Captain Soccer Team (4); Class Soccer (2, 3); Cordes Fratres, Corresponding Secretary, (2b, 3b, 4a, 4b); Treasurer (3a); First District Vice-President of C. F., A. C. C. (3, 4); Debating Society, Vice-president (3).

One of the most dependable members of our class is "S. T." When he says: "I don't know yet," you may rest assured that it will not be long before he finds out, and what is more, finds out right. He puts "punch" not only into his studies, but into everything else that he undertakes. He swings a mean racket on the tennis court, and, last year "chopped" his way to the Championship. On the soccer field, too, Captain Chen's trusty toe has won more than one game for Tech.

Owing to Chen's earnest endeavor in behalf of the Einstein Theory, it is now almost clear to some of us that when a stone wall, having a velocity of forty-three million miles per second, overtakes an automobile, which is travelling backward at the rate of three-sixths of a foot per year, something is bound to happen. Recently "S. T." has been assisting the E. E. Department in investigating a method of killing pigeons by the simple expedient of producing violent atmospheric disturbance over their heads.

In the future we expect to hear more of this live wire. At any rate, those who know him well have found Chen to be a true friend, and a jolly companion. We wish him the best of professional success.

美国伍斯特理工学院毕业纪念册中介绍陈三才

当年陈三才留学的美国马萨诸塞州伍斯特理工学院全貌（创建于1865年）

1924年，陈三才在美国喀兹基尔山留影

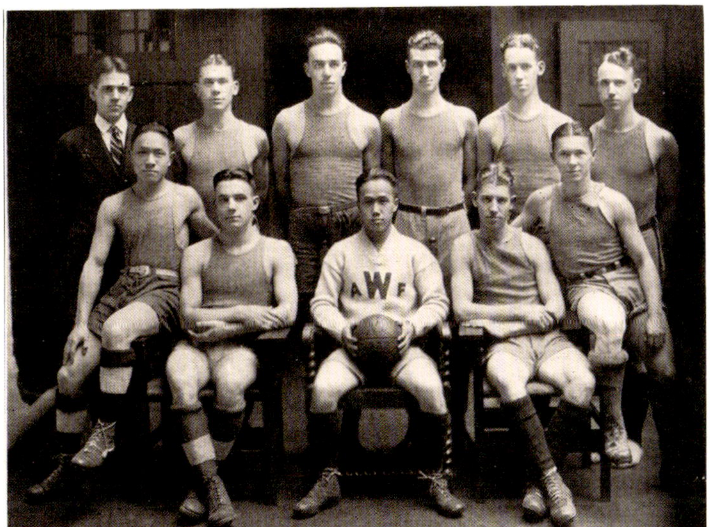

SOCCER TEAM

伍斯特理工学院足球队员合影，陈三才(前排中)时任足球队队长

陈三才(前排右一)所在的伍斯特理工学院足球队曾获足球赛冠军，上图为全体队员合影

陈三才（前左二）与伍斯特理工学院7位高年级校友合影

陈三才（后排左一）
与伍斯特理工学院
10位同学合影

陈三才（前排左二）与伍斯特理工学院19位同学合影

CORDA FRATRES

陈三才（前排右一）与伍斯特理工学院14位同学合影

陈三才（前排右一）与伍斯特理工学院25位同学合影

伍斯特理工学院网球队员合影，陈三才(前排中)时任网球队队长

陈三才(前排右一)获伍斯特理工学院网球赛单打冠军后与学院网球队队友合影

1923年伍斯特理工学院高年级学生合影之一（四排右五为陈三才）

1923年伍斯特理工学院高年级学生合影之二（四排右一为陈三才）

1923年伍斯特理工学院高年级学生合影之三（前排右四为陈三才）

1923年伍斯特理工学院高年级学生合影之四（前排右一为陈三才）

1920—1924年在美国伍斯特理工学院留学的陈三才

陈三才在纽约，1925年圣诞节畅想

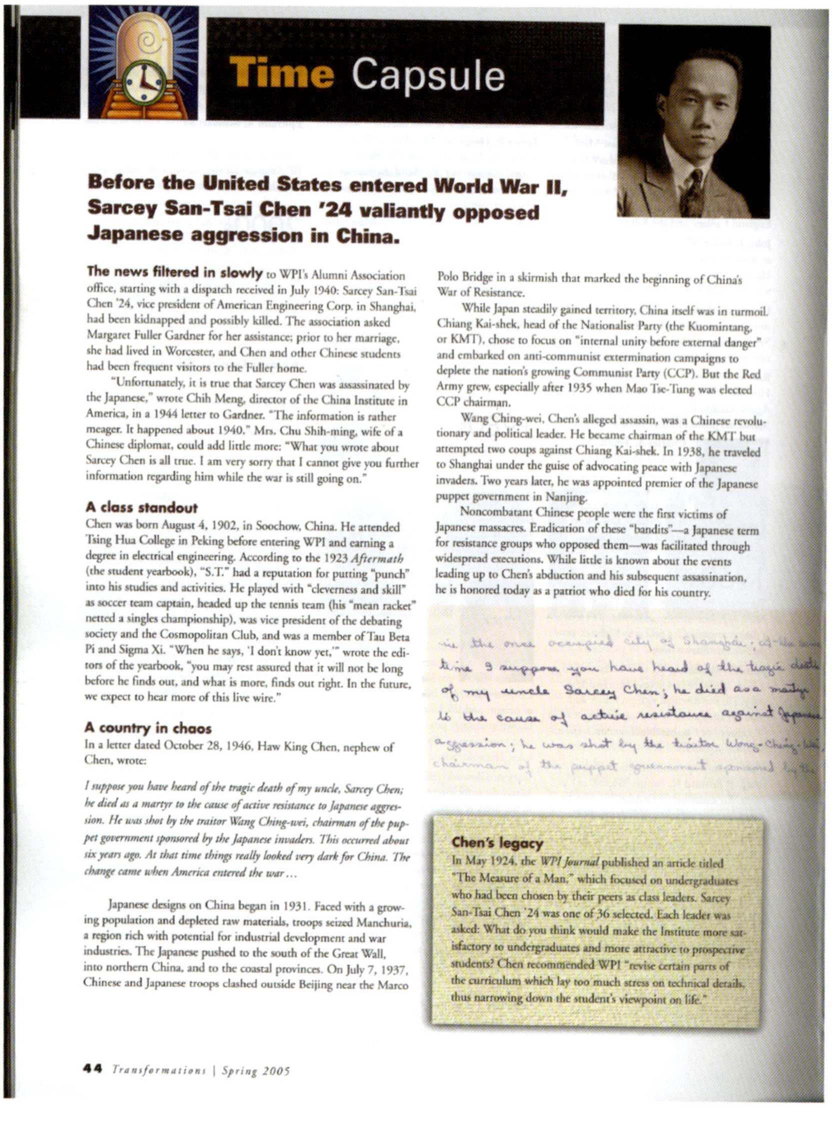

Time Capsule

Before the United States entered World War II, Sarcey San-Tsai Chen '24 valiantly opposed Japanese aggression in China.

The news filtered in slowly to WPI's Alumni Association office, starting with a dispatch received in July 1940: Sarcey San-Tsai Chen '24, vice president of American Engineering Corp. in Shanghai, had been kidnapped and possibly killed. The association asked Margaret Fuller Gardner for her assistance; prior to her marriage, she had lived in Worcester, and Chen and other Chinese students had been frequent visitors to the Fuller home.

"Unfortunately, it is true that Sarcey Chen was assassinated by the Japanese," wrote Chih Meng, director of the China Institute in America, in a 1944 letter to Gardner. "The information is rather meager. It happened about 1940." Mrs. Chu Shih-ming, wife of a Chinese diplomat, could add little more: "What you wrote about Sarcey Chen is all true. I am very sorry that I cannot give you further information regarding him while the war is still going on."

A class standout

Chen was born August 4, 1902, in Soochow, China. He attended Tsing Hua College in Peking before entering WPI and earning a degree in electrical engineering. According to the 1923 *Aftermath* (the student yearbook), "S.T." had a reputation for putting "punch" into his studies and activities. He played with "cleverness and skill" as soccer team captain, headed up the tennis team (his "mean racket" netted a singles championship), was vice president of the debating society and the Cosmopolitan Club, and was a member of Tau Beta Pi and Sigma Xi. "When he says, 'I don't know yet,'" wrote the editors of the yearbook, "you may rest assured that it will not be long before he finds out, and what is more, finds out right. In the future, we expect to hear more of this live wire."

A country in chaos

In a letter dated October 28, 1946, Haw King Chen, nephew of Chen, wrote:

I suppose you have heard of the tragic death of my uncle, Sarcey Chen; he died as a martyr to the cause of active resistance to Japanese aggression. He was shot by the traitor Wang Ching-wei, chairman of the puppet government sponsored by the Japanese invaders. This occurred about six years ago. At that time things really looked very dark for China. The change came when America entered the war…

Japanese designs on China began in 1931. Faced with a growing population and depleted raw materials, troops seized Manchuria, a region rich with potential for industrial development and war industries. The Japanese pushed to the south of the Great Wall, into northern China, and to the coastal provinces. On July 7, 1937, Chinese and Japanese troops clashed outside Beijing near the Marco Polo Bridge in a skirmish that marked the beginning of China's War of Resistance.

While Japan steadily gained territory, China itself was in turmoil. Chiang Kai-shek, head of the Nationalist Party (the Kuomintang, or KMT), chose to focus on "internal unity before external danger" and embarked on anti-communist extermination campaigns to deplete the nation's growing Communist Party (CCP). But the Red Army grew, especially after 1935 when Mao Tse-Tung was elected CCP chairman.

Wang Ching-wei, Chen's alleged assassin, was a Chinese revolutionary and political leader. He became chairman of the KMT but attempted two coups against Chiang Kai-shek. In 1938, he traveled to Shanghai under the guise of advocating peace with Japanese invaders. Two years later, he was appointed premier of the Japanese puppet government in Nanjing.

Noncombatant Chinese people were the first victims of Japanese massacres. Eradication of these "bandits"—a Japanese term for resistance groups who opposed them—was facilitated through widespread executions. While little is known about the events leading up to Chen's abduction and his subsequent assassination, he is honored today as a patriot who died for his country.

Chen's legacy

In May 1924, the *WPI Journal* published an article titled "The Measure of a Man," which focused on undergraduates who had been chosen by their peers as class leaders. Sarcey San-Tsai Chen '24 was one of 36 selected. Each leader was asked: What do you think would make the Institute more satisfactory to undergraduates and more attractive to prospective students? Chen recommended WPI "revise certain parts of the curriculum which lay too much stress on technical details, thus narrowing down the student's viewpoint on life."

44 *Transformations* | *Spring 2005*

伍斯特理工学院校刊重点介绍陈三才

1929年9月8日，杨光泩与严幼韵在上海大华饭店结婚，左起陈三才、严莲韵、王正廷作为宾相出席并合影

陈三才夫人安妮·桑梅史摄于上海福履里路622号陈宅大门口

1933年陈三才夫人安妮抱子华伦摄于家园

陈夫人安妮（中）与女梅琳（左）、子华伦（右）在家园中玩耍

当年陈三才住的四层楼德国青年派样式的花园洋房（现上海建国西路622号），肩上是子华伦，左女梅琳

当年陈夫人安妮（中）与女梅琳（左）、子华伦（右）在陈三才买赈灾彩票中奖的“迪沙多”轿车前合影

1936年陈三才在家园与家人合影，前左起朱尔斯·温克尔曼、华琼、陈父、华伦，后左起安妮·桑梅丝、三才

1937年前后，在上海愚园路杨天骥（苏州吴江同里镇人）寓所大合影，后排左一陈三才，中排右二汤杨锡琳，后排右二汤定宇，右四汤靖宇

1938年摄于上海大西路美丽园12号，左起陈三才、汤定宇、汤杨锡琳、陈华粹、顾爱珍、汤靖宇（抱犬者）、王俊怡

1940年陈三才在上海跑马场赛马

左起陈定秀、陈三才母（王氏）、程佳因、程树仁

二、追寻烈士的足迹

昆山市锦溪镇敦和里陈氏养素堂世系图表
陈定达（三才）一支

陈　寔
（汉太邱长）

陈忆春
（世居青浦朱家角镇）

陈光宇

陈元瑛（1599—1680）
（字仲玓，清顺治初年（1644）迁陈墓始祖）

陈文燧
（字济若）

陈士爋
（字德音）
（清乾隆十二年（1747）独立捐建王公桥）

陈　钦
（字明安）

陈智鸿
（字逵仪，号爽亭）

陈礼杏
（字宛芳，号月香）

陈日熙
（字上轩，号苾笃）

陈竺生
（字崧英，号松瀛）

陈其鋆
（字骏台）

陈文海
（字百川）

陈定达
（字三才）

陈华琼（女）　　陈华伦

（陆宜泰考研编撰）

昆山锦溪镇陈敦和后门外墙照片（该宅建筑面积1 086平方米，被列为市级文保单位）

陈三才的故乡江苏昆山锦溪镇风景如画，游人如织

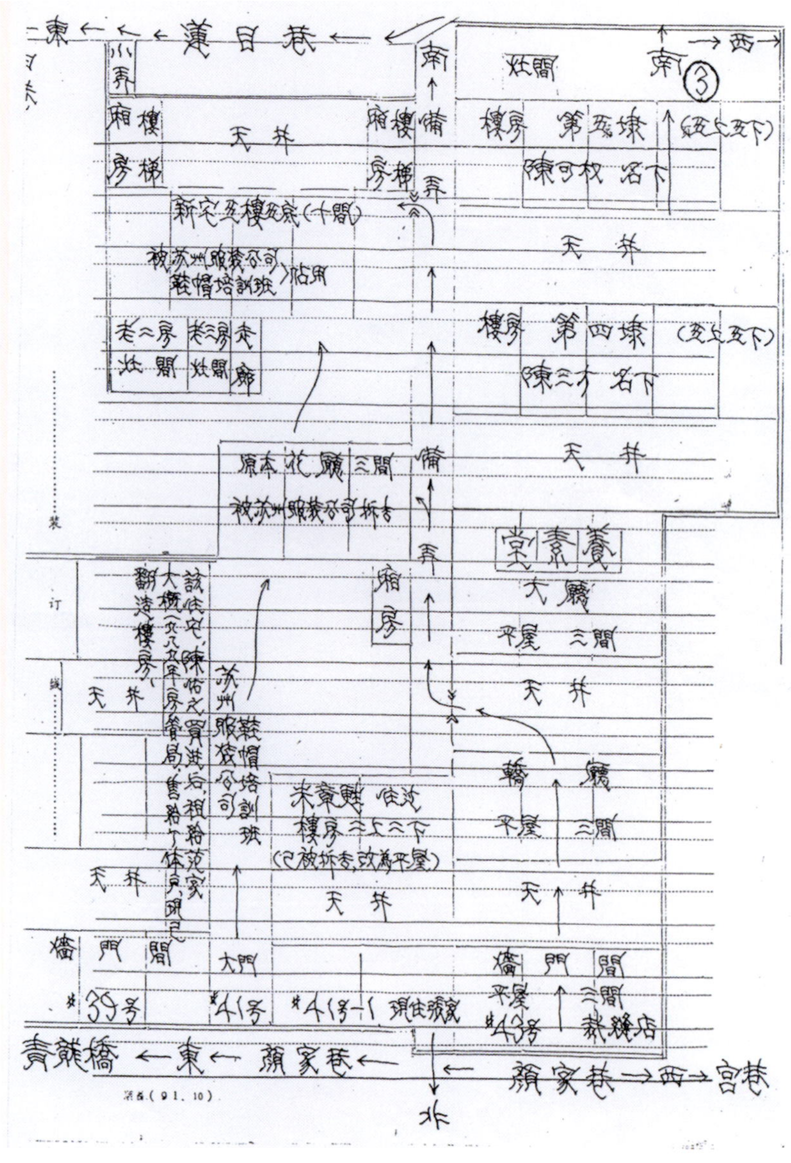

陈三才苏州颜家巷宅平面图（陈华焕手绘）

陈三才的故乡江苏昆山锦溪镇一角

江苏省立第二中学校校门

江苏省立第二中学1913年
校友录封面

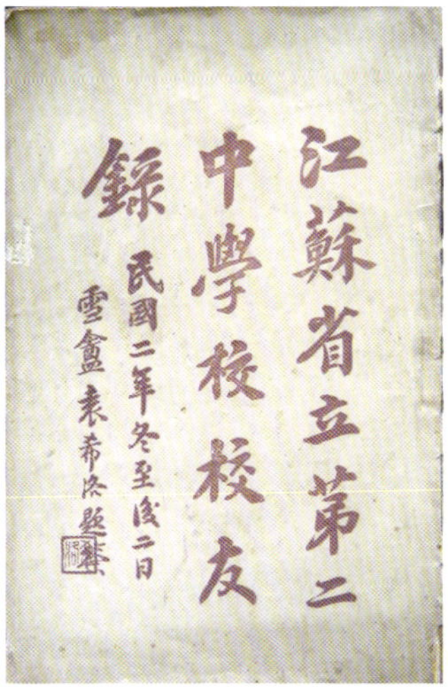

江苏省立第二中学1913年
校友录扉页

苏州市第一中学校史展版介绍校友陈三才

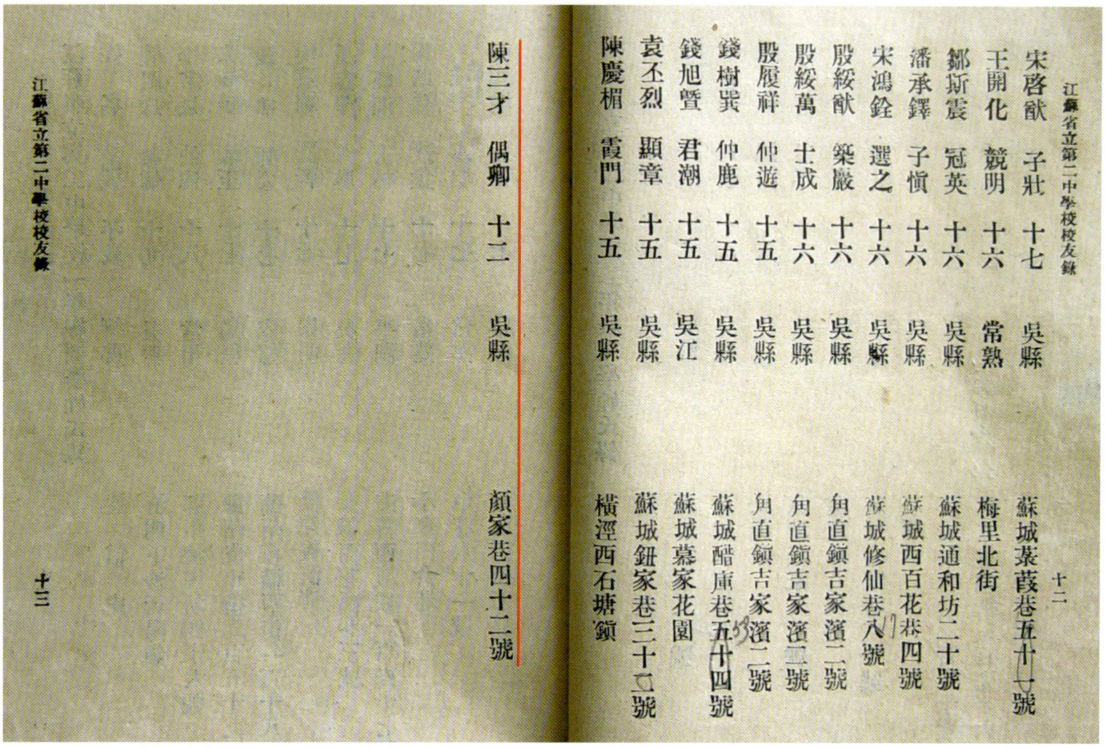

江蘇省立第二中學校校友錄　十二

宋啓猷	子壯	十七	吳縣	蘇城蒹葭巷五十一號
王開化	競明	十六	常熟	梅里北街
鄒斯震	冠英	十六	吳縣	蘇城通和坊二十號
潘承鐸	子愼	十六	吳縣	蘇城西百花巷四號
宋鴻銓	選之	十六	吳縣	蘇城修仙巷八號
殷綏猷	棨巖	十六	吳縣	甪直鎭吉家濱二號
殷綏萬	士成	十六	吳縣	甪直鎭吉家濱二號
殷履祥	仲遊	十五	吳縣	甪直鎭吉家濱二號
錢樹巽	仲鹿	十五	吳縣	蘇城醋庫巷五十四號
錢旭暨	君潮	十五	吳江	蘇城慕家花園
袁丕烈	顯章	十五	吳縣	蘇城鈕家巷三十[illegible]號
陳慶楣	霞門	十五	吳縣	橫涇西石塘鎭

江蘇省立第二中學校校友錄　十三

陳三才	偶卿	十二	吳縣	顏家巷四十二號

江苏省立第二中学1913年校友录名单

1916年，陈三才考入清华学校中等科

1919年，五四运动爆发，陈三才参加罢课游行示威，焚烧日货

陈三才以优秀的学业毕业于清华学校（1916—1920）

庚申级（1920级）校友陈三才等赠给母校的毕业纪念礼。日晷上刻着他们奉行的名言“行胜于言”及其拉丁译文，至今仍傲然屹立在校园（2000年12月5日，本书编者在此留念）

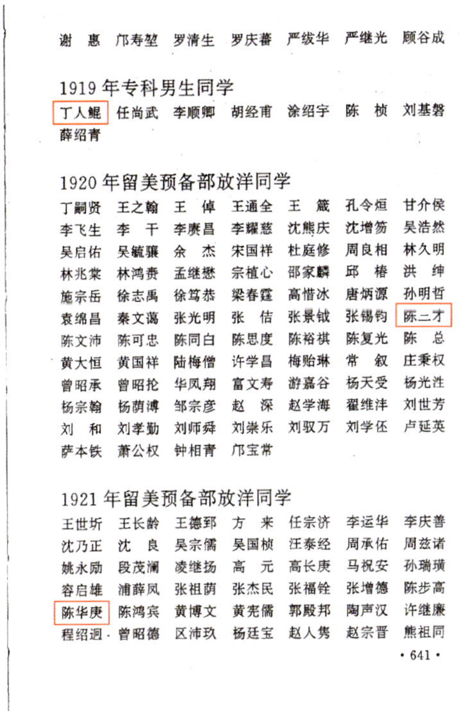

谢　惠　邝寿堃　罗清生　罗庆蕃　严绂华　严继光　顾谷成

1919 年专科男生同学

丁人鲲　任尚武　李顺卿　胡经甫　涂绍宇　陈　桢　刘基磐
薛绍青

1920 年留美预备部放洋同学

丁嗣贤　王之翰　王　倬　王通全　王　箴　孔令烜　甘介侯
李飞生　李　干　李赓昌　李耀慈　沈熊庆　沈增笏　吴浩然
吴启佑　吴毓骧　余　杰　宋国祥　杜庭修　周良相　林久明
林兆棠　林鸿赉　孟继懋　宗植心　邵家麟　邱　椿　洪　绅
施宗岳　徐志禹　徐笃恭　梁春霆　高惜冰　唐炳源　孙明哲
袁绵昌　秦文蔼　张光明　张　佶　张景钺　张锡钧　陈二才
陈文沛　陈可忠　陈同白　陈思度　陈裕祺　陈复光　陈　总
黄大恒　黄国祥　陆梅僧　许学昌　梅贻琳　常　叙　庄秉权
曾昭承　曾昭抡　华凤翔　富文寿　游嘉谷　杨天受　杨光泩
杨宗翰　杨荫溥　邹宗彦　赵　深　赵学海　翟维沣　刘世芳
刘　和　刘孝勤　刘师舜　刘崇乐　刘驭万　刘学伾　卢延英
萨本铁　萧公权　钟相青　邝宝常

1921 年留美预备部放洋同学

王世圻　王长龄　王德郅　方　来　任宗济　李运华　李庆善
沈乃正　沈　良　吴宗儒　吴国桢　汪泰经　周承佑　周兹诸
姚永励　段茂澜　凌继扬　高　元　高长庚　马祝安　孙瑞璜
容启雄　浦薛凤　张祖荫　张杰民　张福铨　张增德　陈步高
陈华庚　陈鸿宾　黄博文　黄宪儒　郭殿邦　陶声汉　许继廉
程绍迥·曾昭德　区沛玖　杨廷宝　赵人隽　赵宗晋　熊祖同

·641·

1919、1920、1921年清华“放洋同学”名单中丁人鲲、陈华庚、陈三才均为锦溪镇人

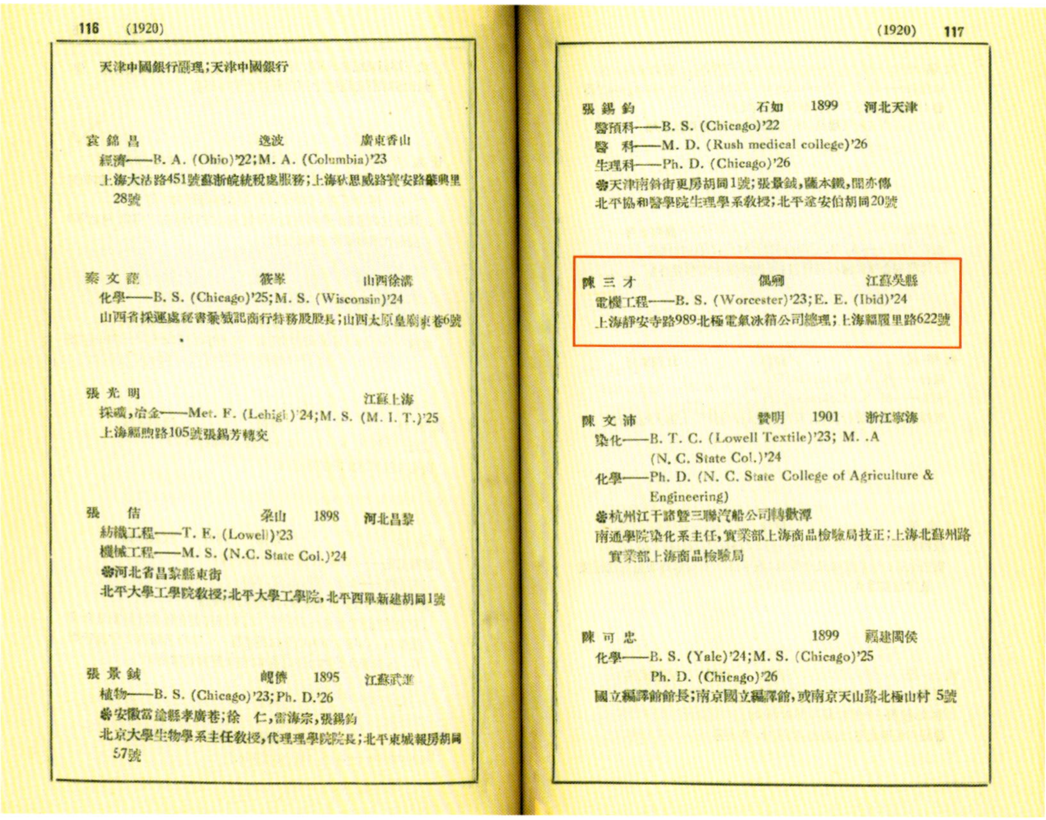

116 (1920)

天津中國銀行副理;天津中國銀行

袁錦昌 逸波 廣東香山
經濟——B. A. (Ohio)'22;M. A. (Columbia)'23
上海大沽路451號蘇浙皖統稅處服務;上海狄思威路寶安路肇興里28號

秦文詵 筱峯 山西徐溝
化學——B. S. (Chicago)'25;M. S. (Wisconsin)'24
山西省採運處秘書兼械記商行特務股股長;山西太原皇廟東巷6號

張光明 江蘇上海
採礦,冶金——Met. F. (Lehigh)'24;M. S. (M. I. T.)'25
上海福煦路105號張錫芳轉交

張信 桑山 1898 河北昌黎
紡織工程——T. E. (Lowell)'23
機械工程——M. S. (N.C. State Col.)'24
※河北省昌黎縣東街
北平大學工學院教授;北平大學工學院,北平西單新建胡同1號

張景鉞 峴儕 1895 江蘇武進
植物——B. S. (Chicago)'23;Ph. D.'26
※安徽當塗縣孝廣巷;徐仁,雷海宗,張錫鈞
北京大學生物學系主任教授,代理理學院院長;北平東城報房胡同57號

(1920) 117

張錫鈞 石如 1899 河北天津
醫預科——B. S. (Chicago)'22
醫 科——M. D. (Rush medical college)'26
生理科——Ph. D. (Chicago)'26
※天津南斜街更房胡同1號;張景鉞,薩本鐵,聞亦傳
北平協和醫學院生理學系教授;北平遂安伯胡同20號

陳三才 偶卿 江蘇吳縣
電機工程——B. S. (Worcester)'23;E. E. (Ibid)'24
上海靜安寺路989北極電氣冰箱公司總理;上海福履里路622號

陳文沛 贊明 1901 浙江寧海
染化——B. T. C. (Lowell Textile)'23; M. .A (N. C. State Col.)'24
化學——Ph. D. (N. C. State College of Agriculture & Engineering)
※杭州江干諸暨三聯汽船公司轉歡潭
南通學院染化系主任,實業部上海商品檢驗局技正;上海北蘇州路實業部上海商品檢驗局

陳可忠 1899 福建閩侯
化學——B. S. (Yale)'24;M. S. (Chicago)'25
Ph. D. (Chicago)'26
國立編譯館館長;南京國立編譯館,或南京天山路北極山村 5號

清华“放洋同学”名单

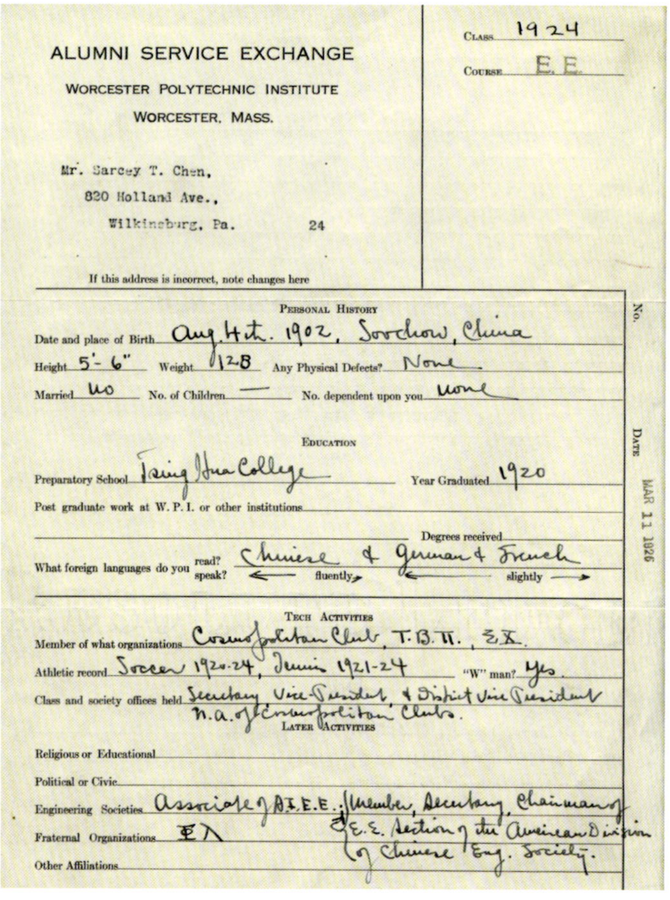

ALUMNI SERVICE EXCHANGE

WORCESTER POLYTECHNIC INSTITUTE

WORCESTER, MASS.

CLASS 1924

COURSE E.E.

Mr. Sarcey T. Chen,
820 Holland Ave.,
Wilkinsburg, Pa. 24

If this address is incorrect, note changes here

No.

PERSONAL HISTORY

Date and place of Birth Aug. 4th. 1902, Soochow, China

Height 5'-6" Weight 128 Any Physical Defects? None

Married no No. of Children — No. dependent upon you none

EDUCATION

Preparatory School Tsing Hua College Year Graduated 1920

Post graduate work at W. P. I. or other institutions

Degrees received

What foreign languages do you read? speak? Chinese & German & French ← fluently → ← slightly →

DATE MAR 11 1926

TECH ACTIVITIES

Member of what organizations Cosmopolitan Club, T.B.Π., ΣΞ.

Athletic record Soccer 1920-24, Tennis 1921-24 "W" man? Yes.

Class and society offices held Secretary, Vice President, & District Vice President N. A. of Cosmopolitan Clubs.

LATER ACTIVITIES

Religious or Educational

Political or Civic

Engineering Societies Associate of A.I.E.E. / Member, Secretary, Chairman of E.E. Section of the American Division of Chinese Eng. Society.

Fraternal Organizations ΣΞ

Other Affiliations

陈三才留学美国的伍斯特理工大学的档案之一

美国伍斯特理工学院全景照片，右边文字为陈三才亲题

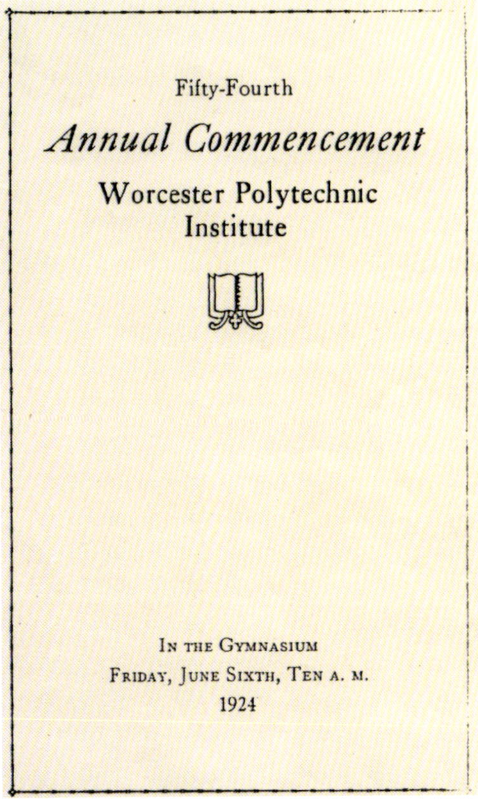

Fifty-Fourth

Annual Commencement

Worcester Polytechnic Institute

In the Gymnasium

Friday, June Sixth, Ten A. M.

1924

1924年6月6日，陈三才参加伍斯特理工学院第五十四届毕业典礼的会议证

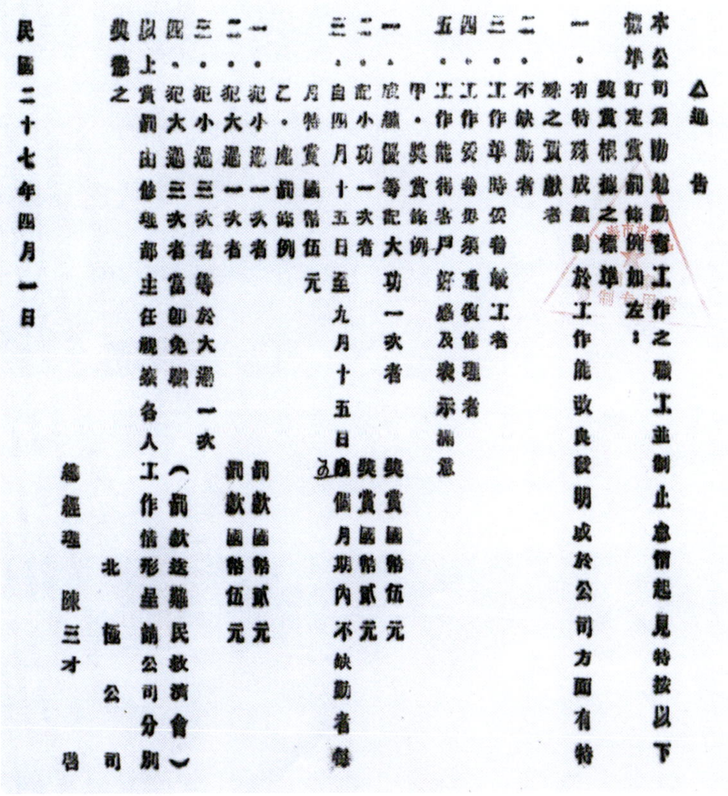

△通告

本公司爲勉勵努力工作之職工並制止怠惰起見特按以下標準訂定賞罰條例如左：

獎賞根據之標準

一・有特殊成績對於工作能改良發明或於公司方面有特殊之貢獻者

二・不缺勤者

三・工作準時從不缺工者

四・工作發奮省去重複修理者

五・工作能得客戶好感及表示滿意

甲・獎賞條例

一・成績優等記大功一次者 獎賞國幣伍元

二・記小功一次者 獎賞國幣貳元

三・自四月十五日至九月十五日五個月期內不缺勤者獎月給賞國幣伍元

乙・處罰條例

一・犯小過一次者 罰款國幣貳元

二・犯大過一次者 罰款國幣伍元

三・犯小過三次者等於大過一次

四・犯大過三次者當即免職（罰款送難民救濟會）

以上賞罰由修理部主任視察各人工作情形呈請公司分別獎懲之

北極公司

總經理 陳三才 啓

民國二十七年四月一日

1938年，陈三才回到上海经营美商北极公司。图为他任总经理时发布的通告

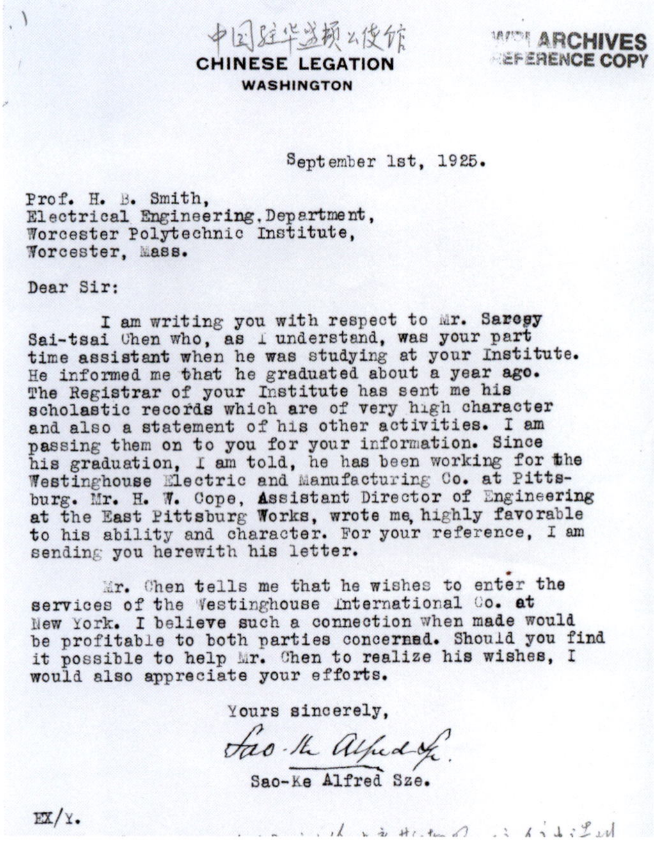

中国驻华盛顿公使馆

CHINESE LEGATION
WASHINGTON

WPI ARCHIVES
REFERENCE COPY

September 1st, 1925.

Prof. H. B. Smith,
Electrical Engineering Department,
Worcester Polytechnic Institute,
Worcester, Mass.

Dear Sir:

I am writing you with respect to Mr. Sarcey Sai-tsai Chen who, as I understand, was your part time assistant when he was studying at your Institute. He informed me that he graduated about a year ago. The Registrar of your Institute has sent me his scholastic records which are of very high character and also a statement of his other activities. I am passing them on to you for your information. Since his graduation, I am told, he has been working for the Westinghouse Electric and Manufacturing Co. at Pittsburg. Mr. H. W. Cope, Assistant Director of Engineering at the East Pittsburg Works, wrote me, highly favorable to his ability and character. For your reference, I am sending you herewith his letter.

Mr. Chen tells me that he wishes to enter the services of the Westinghouse International Co. at New York. I believe such a connection when made would be profitable to both parties concerned. Should you find it possible to help Mr. Chen to realize his wishes, I would also appreciate your efforts.

Yours sincerely,

Sao-Ke Alfred Sze

Sao-Ke Alfred Sze.

EX/Y.

中国驻美华盛顿公使馆信函原文

这是中国驻华盛顿公使馆公使少科(音)给陈三才母校的史密斯教授的信，信中谈到陈三才在学院就读期间，曾担任教授的业余助理研究员并说学院的注册员已把陈的有关材料寄给他，从材料上看出陈的成绩优异。陈毕业后在匹兹堡威斯特浩斯电气制造公司工作一年，该公司副厂长科普先生对陈的能力和品德评价很高。现将科普先生的信附上供参考。信的最后提到陈希望到纽约威斯特浩斯公司工作，并问教授能否帮助促成此事。

中国驻美华盛顿公使馆信函汉译

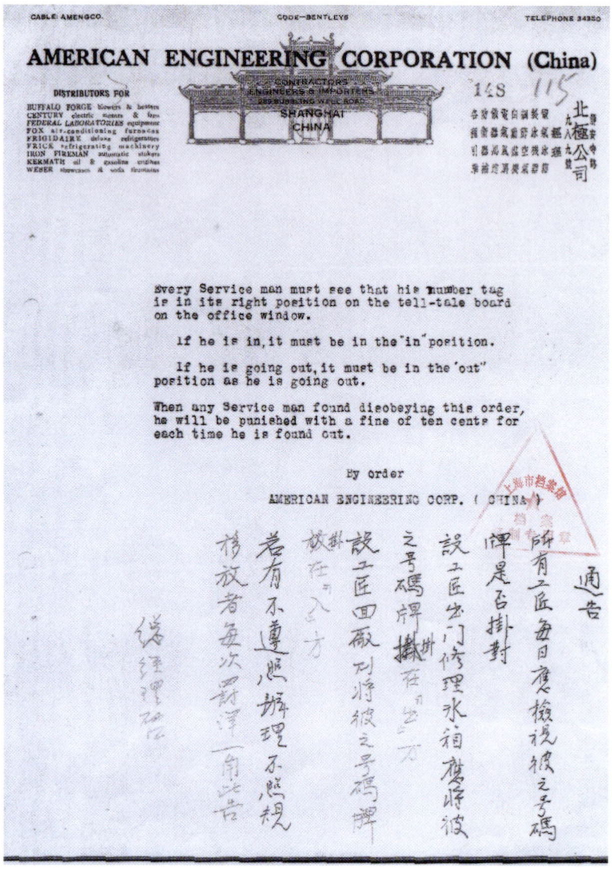

CABLE: AMENGCO. CODE—BENTLEYS TELEPHONE 34350

AMERICAN ENGINEERING CORPORATION (China)

CONTRACTORS
ENGINEERS & IMPORTERS
SHANGHAI
CHINA

DISTRIBUTORS FOR
BUFFALO FORGE blowers & heaters
CENTURY electric motors & fans
FEDERAL LABORATORIES equipment
FOX air-conditioning furnaces
FRIGIDAIRE deluxe refrigerators
FRICK refrigerating machinery
IRON FIREMAN automatic stokers
KERMATH oil & gasoline engines
WEBER showcases & soda fountains

148 115

北極公司

Every Service man must see that his number tag is in its right position on the tell-tale board on the office window.

If he is in, it must be in the "in" position.

If he is going out, it must be in the "out" position as he is going out.

When any Service man found disobeying this order, he will be punished with a fine of ten cents for each time he is found out.

By order
AMERICAN ENGINEERING CORP. (CHINA)

通告
所有工匠每日應檢視彼之號碼牌是否掛對
設工匠出门修理水箱應將彼之號碼牌掛在出方
設工匠回廠則將彼之號碼牌掛在入方
若有不遵照辦理不照規移放者每次罰洋一角此告
總經理啟

陈三才任美商北极公司总经理时发布的亲笔通告

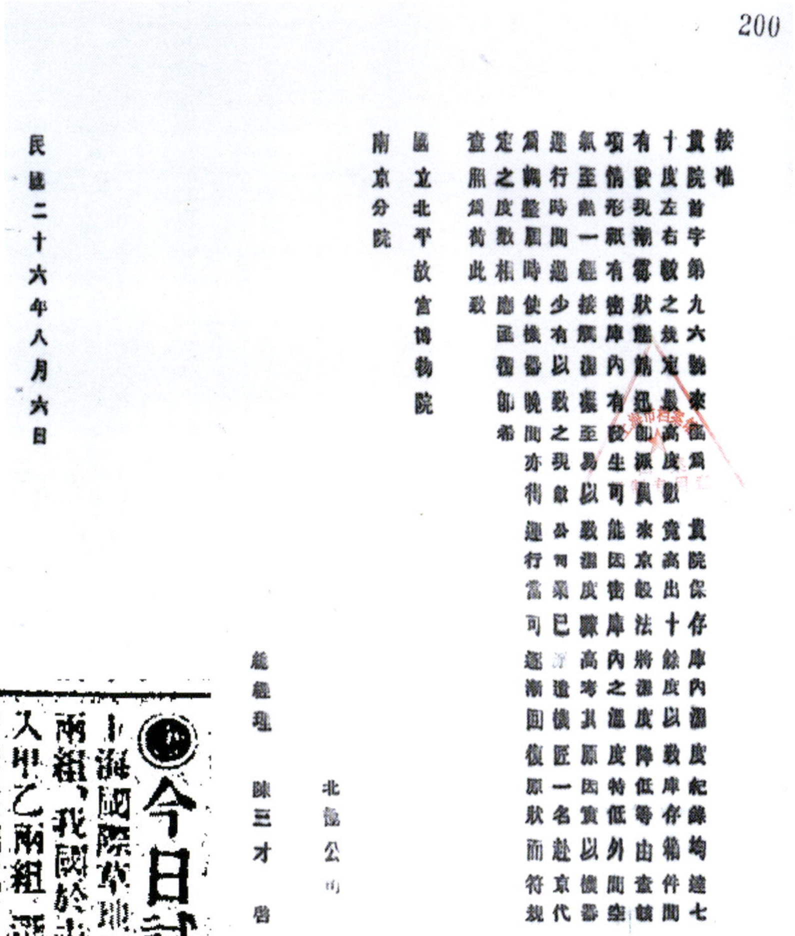

200

接准

貴院皆字第九六號來函爲貴院保存庫內溫度紀錄均達七十度左右較之規定最高度數竟高出十餘度以數庫存箱件間有發現潮霉狀態請迅即派員來京設法將溫度降低等由查該項情形祇有儲庫內有發生可能因儲庫內之溫度特低外間空氣至熱一經接觸溫差至易以致溫度驟高考其原因實以儀器進行時間過少有以致之現敝公司業已遣派儀匠一名赴京代爲調整開時使儀器晚間亦得運行當可逐漸回復原狀而符規定之度數相應函復即希查照爲荷此致

國立北平故宮博物院

南京分院

北極公司

總經理 陳三才 啓

民國二十六年八月六日

1937年8月6日，美商北极公司与国立故宫博物院往来的业务文件

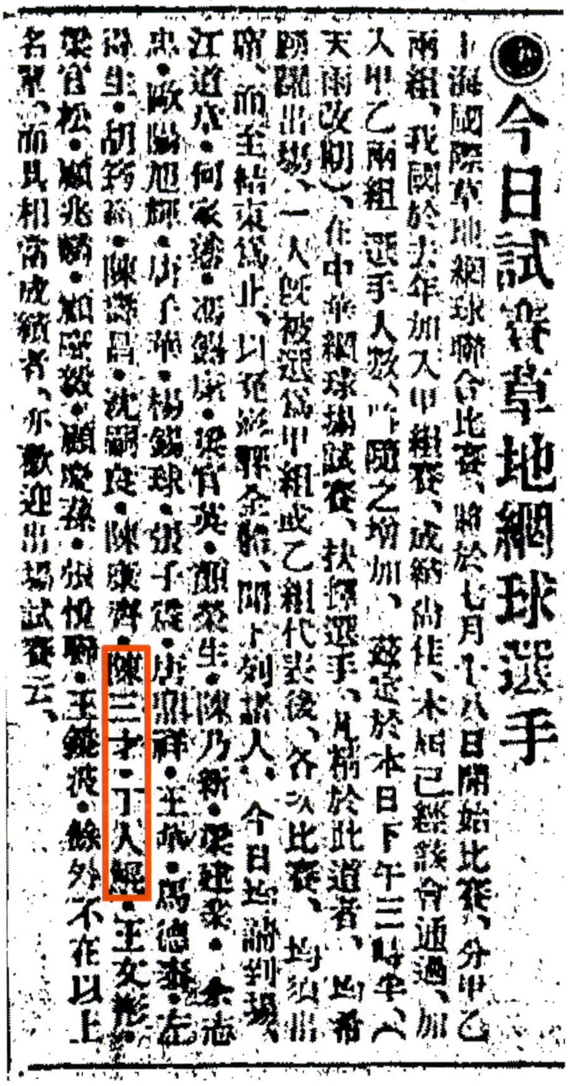

今日試賽草地網球選手

上海國際草地網球聯合比賽、將於七月七八日開始比賽、分甲乙兩組、我國於去年加入甲組賽、成績尚佳、本屆已經議會通過、加入甲乙兩組、選手人數、亦隨之增加、茲定於本日下午三時半、(入天雨改期)、在中華網球場試賽、甄選選手、凡精於此道者、甚希踴躍出場、一人既被選爲甲組或乙組代表後、各次比賽、均須出席、而至結束爲止、以免臨時缺人、聞下列諸人、今日均到場、江道章・何家璘・潘錫琛・梁省英・顏榮生・陳乃新・梁建衆・余志忠・歐陽旭輝・唐千華・楊錫球・張子瑩・唐鼎祥・王振・馮德森・左福生・胡鈞銘・陳濟昌・沈嗣良・陳康齊・陳三才・丁人鯤・王文彬・梁官松・顧兆麟・[illegible]・顧宗森・張悅聯・王鏡波・餘外不在以上名單、而具相當成績者、亦歡迎出場試賽云、

1927年6月26日《申报》讯：上海国际草地网球联合比赛，7月7、8日在中华网球场试赛，陈三才、丁人鲲（均为锦溪籍人士）作为选手参加选拔。

中華民國二十五年四月二十九日　部長吳鼎昌

●實業部通知　工字第一五五八六號

據審查報告應准予登記爲電氣科工業技師惟須俟補呈無技師登記法第五條各情事之合法證明書後再行發給技師證書等情合行通知查照由

通知陳三才

前據該聲請人聲請登記爲電氣科工業技師，經交付本部技師審查委員會審查，並批飭知照各在案。茲據審查報告，以該聲請人之資格，核與技師登記法第四條第一款規定相符，似應准予登記。惟查所呈上海清華同學會出具之無技師登記法第五條各情事之證明書，尚有未合，應令其另向服務地方之主管官廳，或職業團體，或著名學術團體，取具該項合法證明書呈部後，再行發給技師證書等情，經覆核無異。合行通知該聲請人，仰卽遵照爲要。特此通知。

部長吳鼎昌

中華民國二十五年四月二十九日

1936年4月29日，陈三才在国民政府实业部登记电气科技师资格文件

中華民國二十五年六月二十日　部長吳鼎昌

●實業部批　工字第一六一八三號

原具呈人陳三才

二十五年六月十二日呈一件爲補呈證明文件祈鑒核迅給技師證書由

呈悉。據呈中國電機工程師學會出具之無技師登記法第五條各情事之證明書，業經查核無訛，合行填發電氣科工業技師登記證一件，仰卽領收具報。原呈文件併予分別存發。此批。

計附發技師登記證一件畢業證書一件

1936年6月20日，国民政府实业部核准陈三才为电气科技师

小玩意

神眼

陳三才

有一天晚上,我參加一個聯歡會。同學某甲出來玩了一個遊戲,我覺得很有趣,現在把它錄在後面:

他(指某甲)把一張白紙撕成十多份,每人分派一張。他叫各人在紙上隨便寫四個字和自己的姓名,然後摺疊好,把有字的那一面摺在裏面,使從外邊看不見,然後交給他。他又把各紙胡亂的混和,再疊好放在檯上。他指着某乙,說出他的名字,又把他寫在紙上的字背出來。再後,他把疊在檯上的紙取出上面那一張來,把某乙的姓名和所寫的字再讀一遍,果然不差一字。他看完了字條,便把它撕去。又指着某丙說出他所寫的四個字。某丙見他說的一些不錯,不絕的點頭。他又在檯上順次取最上的一張紙,讀出上面的字和姓名,和他剛剛說的完全符合。以後他又依次把各人所寫的字一一背出來,結果都沒有錯誤,滿座的人都大爲稱奇,好像他有神眼一般,能夠隔紙看字。於是大家請他把祕密說出來,他起先不允,不過,後來他終於說了。原來那祕密是這樣的:

乙實在是甲的助手,甲叫乙把他所寫的紙摺上一個角來做記號,當他混和紙的時候,便把乙的那一張藏在底下,然後他對乙說出任意的四個字,乙祇是點頭承應他的話是對的,他最初在紙堆上取出的一張,實在是某丙所寫的。他口中把剛纔對乙說的四個字再說一遍,其實他是在看丙所寫的字呢!他看完便把紙撕去,再把剛纔所看的背出來,像這樣,背出丙的,再看丁的,背出丁的,再看戊的……那有不合之理呢?

順風耳

陳三才

這不過是一種猜物的遊戲罷了。它的祕密寫在後面,現在先來一個表面上的敍述。

甲和他的助手乙在一個正在玩着遊戲的人堆中,站將起來,說他們願意表演一個遊戲。各人當然表示歡迎,於是他就說出這遊戲的玩法。

「我(甲自稱)先走出這房間,然後大家想定任何一件東西,告訴我的助手(乙),隨後再叫我回到房裏,讓乙和我背對背的站着,由乙說出許多東西來叫我猜,我就能說出那一件是剛纔各人叫他猜的。」

他說了以後,各人便叫他出去,開始這個遊戲。有一位叫做某丙的,對乙說,他要甲猜的東西是他的手錶。於是大家把甲叫進來。乙對他說,「這房裏的電燈是不是大家叫你猜的東西?」甲說,「不是。」又問,「檯子是嗎?」又說,「不是。」乙又列舉椅子,地板,某人的頭髮,某人的褲子,都回答不是。最後乙說「某丙的手錶是嗎?」甲毫不遲疑的回答說「不錯。」

各人都很奇怪,叫他再試。他出去之後,某丁說要猜的東西是他的牙齒。甲入房後,乙對甲說出一大堆東西;如墨水筆,汽車,某人的情婦,玻璃杯子,等但甲逐一的回答都「不是。」於是乙又問,「檯布是嗎?」又答「不是。」再問「某丁的牙齒是嗎?」這次甲的回答是「是。」各人更加驚奇。做過幾次之後,有人以爲大概他的耳朵特別靈敏,好比順風耳,能夠從門外聽見各人所說的東西。這次他們就並不出聲說出那被猜的東西,而祇用手指着那檯上放着的切麵包刀來給乙看,表明這是叫甲猜的東西。這一次乙又說出一大堆東西來問甲,甲卻都說「不是。」又問「是否某人的外衣?」回答還是「不是。」最後問他,「放在檯上的那把切麵包刀是不是呢?」這一次的回答是「是」了。這更共增加了各人的興緻,玩了多次以後,還是甲自己把祕密說了出來。

原來甲和乙預先商量好一個計策,在每次說到那被猜的東西以前,乙都先說一個布質的東西來給甲猜,這就給甲一個暗示,即表明跟着這布質東西下面說出來的物件便是所猜的目的物了。如第一次猜的是手錶,在手錶之前,乙問甲最後的東西是褲子,而褲子是布質的東西,所以下面所說的手錶便是答案了。又如第二次所猜的東西是牙齒,乙把牙齒說在檯布之後,而檯布不是布質的東西嗎?又一次所猜的是切麵包刀,而乙未說這刀以前先說「某人的外衣,」這衣也是布質的,所以便暗示下面所說的切麵包刀是答案了。這完全不是靠耳朵來聽的。各位若果在朋友聚會的時候來玩一玩這遊戲,一定可以博得不少的掌聲。又用作暗示的東西,不一定要布質的,凡木質,鐵質,紙質……等等的東西都可以用。

看得滿意,告訴友人!
看不滿意,通知我們!

陈三才博学多才，工作之余经常在各类刊物上发表文章。1940年2月发表于《科学趣味》杂志第6期上的《小玩意：神眼·顺风耳》

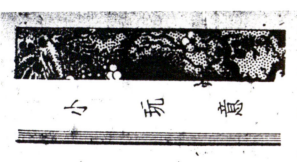

1940年铝辅币考叙

钱 屿
（上海博物馆 上海 200231）

This paper has a discussion on the coinage of Al. fractional currency in 1940 and some related problems.

Key words: Al. fractional currency coinage

内容提要 本文主要论述了1940年铝辅币铸造及其相关问题。

关键词 铝辅币 铸造
中图分类法 K875.6 **文献标识码** A

1937年11月12日上海沦陷后，侵华日军有计划地在上海收买铜元，“最初日元一元，购买铜元八十枚，后来逐渐下跌，至七十枚，六十枚以至五十枚”[1]。汉奸和不法商人积极参与，私运倒卖铜元之风日盛，使一般市民百姓也受影响，竞相储存铜元，造成铜元缺乏的状况日趋严重。1939年6月，市面出现法币贬值、铜元价值超过面值的流言，使铜元缺乏的形势进一步恶化，日常已难见铜元流通的踪影，极大地危及了上海的工商业和人民生活，其中以公共交通、菜市和零售业受害尤甚。为解决辅币短缺，此时市面上出现了以邮票充当辅币的现象。不久，形形色色的代用币、筹码纷纷面世，辅币流通大为混乱，民间怨声载道。当时社会各界提出多种补救的意见，其中已有“另铸金属辅币，务必非军需用途者”[2]。

一、第一批代铸

为解上海辅币异常短缺的燃眉之急，财政部饬令“中央造币厂会同中央银行在沪铸发一分及五分两种铝币，俾资流通，该项铝币限于上海通用，由上海央行收兑。由上海银行业（同业）公会出面发行”[3]。在1937年淞沪抗战时，中央造币厂带同部分机器设备由上海撤往内地，在上海留置有临时办事处，嗣改组为运输保管组，负责保存留沪的部分设备、原料等。中央银行在上海留有分行，分为二处。一处设在法租界亚尔培路逸园跑狗场（今陕西南路文化广场），专收兑金银；另一处设在公共租界静安寺路（今南京西路），专负责银行业务。财政部关于在上海铸发铝辅币的饬令由该二单位具体执行。

1939年12月，中央造币厂在重庆向财政部签请拟托北极公司代铸一分及五分两种铝币各2500万枚。经批准后，在中央银行上海分行协助下，中央造币厂委托上海银行公会代为该厂出面，于1940年1月29日与北极公司签订代铸铝币合同。中央银行上海分行负责为中央造币厂向北极公司垫付铸造费用。《合同》第十条规定上海银行公会应向北极公司预付原料价款及铸费总额30%，合美金9500元。中央银行上海分行按当日黑市购人美金垫付，同时垫付法币13125元，再向中央造币厂结算。2月，中央造币厂又向财政部呈请拟向华铝钢精厂预定铝料60吨，经批准后告知北极公司立即付诸实施。

北极公司代铸的铝币共有壹分、伍分两种币值。壹分的形制为正面中央“壹分”，上环列“中华民国二十九年”。背面中央“齐贝”方足布图案。直径15.5毫米，重0.66克，纯铝质。伍分的形制为正面中央“伍分”，上环列“中华民国二十九年”。背面中央“齐贝”方足布图案。直径20毫米，重1.12克，纯铝质。

中央造币厂在北极公司第一批代铸铝币中盈

收稿日期 2000-12-01
作者简介 钱屿（1955年5月生），男，上海人，上海博物馆，副研究员。

1940年，北极公司为国民政府财政部代铸铝辅币考叙（一）

利颇丰。壹分1万枚面值100元，造价139.66元，亏损39.66元。伍分1万枚面值500元，造价218.51元，盈利281.49元。计算二者盈亏相抵：281.49×2950－39.66×2500＝731245.5(元)。在第一批代铸中，中央造币厂仅铸币盈余即获73万余元。

二、第二批代铸

正是北极公司第一批代铸获得成功，使重庆政府在政治、经济等方面受益非浅，促成了第二批代铸。

先于1940年4月，中央造币厂已呈请财政部由北极公司续铸壹分、伍分铝币各5000万枚，并继续向华铝钢精厂定购铝料120吨(声明其中10吨如有特殊情况不能应用时作废)。财政部准予照办。

第二批续铸铝币合同规定的价款为：壹分1万枚的造价为美金7.54元又法币14元，伍分1万枚的造价为美金12.2元又法币14.85元。按面值计算，5000万枚壹分共亏198300元法币，5000枚伍分共盈1092550元法币，盈亏相抵，中央造币厂共盈利894250元。实际后因计划改变，仅铸壹分2500万枚，而增加盈利99150元，故总盈利为993400元。

三、陈三才之死

上海发行大批法币的铝辅币一事引起日伪的高度重视，而身为北极公司经理的陈三才早在酝酿代铸铝币时就已引起汪伪特务机关的备加注意。1939年12月圣诞节，上海日本梅机关主要成员犬养健在与汪伪76号特务机关首脑丁默村、李士群等交谈中就得悉北极公司系重庆特工新型的地下活动据点，“这个店铺的主人陈氏竟是谍报网的地区主任”[4]。这显然将陈三才误为新任军统上海区区长陈恭澍了。

出卖陈三才的是俄籍日奸道斯兄弟，兄名沙基·道斯，弟名巴立斯·道斯。道斯兄弟最初在哈尔滨任日本军部的特务，后因案被逐，1939年抵沪。陈三才知其为职业杀手，雇为保镖[5]。道斯兄弟旋入极司斐而路(今万航渡路)76号汪伪南京政府特务机关“中国国民党特务委员会特工指挥部”。道斯兄弟身边各常备两支手枪，都能双手射击，枪法为日伪刽子手中首屈一指。陈劝说道斯兄弟利用机会杀死汪精卫，可立大功，受重赏，并以重金雇其共同刺汪。不料道斯兄弟得款后未依约实施刺汪，陈拒付全部款项，然不出数天，于1940年夏在苏州被“76号”特务逮捕，解送南京处死。

四、第三、四批代铸

陈三才遭76号汪伪特工逮捕后，中央造币厂在沪代铸铝币事宜暂时受阻。为执行金融三年计划的既定方针，中央造币厂上海运输保管组及中央银行上海分行委托上海银行公会直接与上海新业工厂签订第三批代铸铝币合同。1940年10月左右，代铸合同正式签订，条款大致如旧。约铸造伍分铝币5000万枚。

1941年1月7日，中央造币厂密折呈请财政部：“铝币在沪需要甚殷，拟俟第三批工竣，继续鼓铸第四批五分铝币五千五百万枚，所有原料援照前案，拟增加百分之四，制造费拟增加百分之三十。”财政部随即批复：“应准照办”[6]。此时，上海金融界发生剧烈动荡，第三批代铸半途中止，仅铸伍分铝币2260万枚。

汪伪南京政府为了控制上海金融，破坏铝币发行，在处死陈三才后又针对铝币发行的关键人物开刀。铝币的代铸者、发行者均无法继续，第四批代铸铝币计划胎死腹中。

五、代铸铝币与二《计划》的关系

1940年3、4月间，重庆四联总处先后制定了“金融三年计划”及其“二十九年度实施计划”。上海代铸铝币正反映出这二个计划的具体落实。

首先，二计划以稳定法币为中心，其重要因素之一取决于仍在沦陷区流通的15亿元法币，其中以上海为中心的华中地区约10亿元，故竭力维持这部分法币在沦陷区的流通，不仅关系到维系民心，保持重庆政府的金融势力，更为了不予敌伪滥发钞券的机会，造成大后方的通货膨涨[7]。第二，二《计划》制定1940年扩大法币发行数额为27.1亿，欲通过推广法币流通地区和积极推行小额币券，使实际影响法币价值的数额减少到4亿元。第三，破坏了敌伪在沦陷区的金融经济阴谋，显示出上海代铸铝币的铸行已有力地抵制了敌伪货币。第四，重庆政府通过上海代铸铝币得到相当可观的铸币盈余。第五，与中外银行的联系。

六、附言

存世尚有所谓的“民国二十九年拾分”、“民国二十九年贰分”等铝币试铸币，实均系臆造品。对其的详细辨伪，将另行撰文剖析之。

---

[1][2]《财政评论》1939年6月16日。
[3]《财政部致军政部代电》，中国第二档案馆藏。
[4]犬养健：《扬子江今天仍在奔流》，日本《文艺春秋》新社1960年日文版。
[5]罗君强：《伪廷幽影录》，中国文史出版社1991年。
[6]中国第二档案馆藏档。
[7]重庆档案馆等编：《四联总处档案》，档案出版社1990年。

1940年，北极公司为国民政府财政部代铸铝辅币考叙（二）

北极公司代铸铝币图样“中华民国二十九年”和“壹分”字样

北极公司代铸铝币图样，币背在95颗环珠中央是方足布图

北极公司代铸铝币图样：“中华民国二十九年”和“伍分”字样

北极公司代铸铝币图样，币背在40个相连的“卐”字环绕中有方足布图

抗战期间在“孤岛”上海陈三才积极投身抗日，团结抗日志士参与爆炸日旗舰“出云”号

抗战期间陈三才在“孤岛”上海积极投身抗日，亲赴前线支援十九路军抗敌

抗战期间陈三才在“孤岛”上海积极投身抗日，参与密谋爆炸特工总部76号

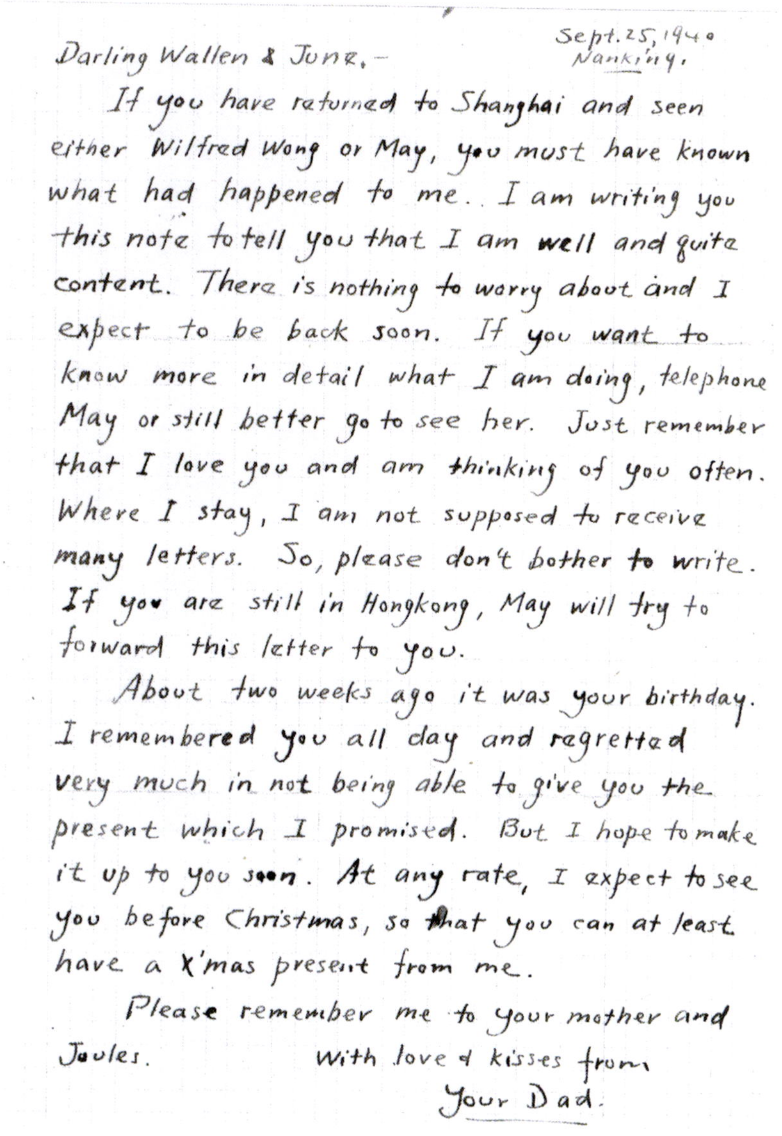

Sept. 25, 1940
Nanking.

Darling Wallen & June, —

If you have returned to Shanghai and seen either Wilfred Wong or May, you must have known what had happened to me. I am writing you this note to tell you that I am well and quite content. There is nothing to worry about and I expect to be back soon. If you want to know more in detail what I am doing, telephone May or still better go to see her. Just remember that I love you and am thinking of you often. Where I stay, I am not supposed to receive many letters. So, please don't bother to write. If you are still in Hongkong, May will try to forward this letter to you.

About two weeks ago it was your birthday. I remembered you all day and regretted very much in not being able to give you the present which I promised. But I hope to make it up to you soon. At any rate, I expect to see you before Christmas, so that you can at least have a X'mas present from me.

Please remember me to your mother and Joules.

With love & kisses from
Your Dad.

1940年9月25日陈三才在南京狱中给儿子华伦、女儿琼写的英文信

亲爱的华伦和琼:

如果你们已回到上海并已见到梅或黄宣平，你们一定已经知道我出了什么事。我现在要写信告诉你们的是我身体很好，近况尚可，估计不久就可以回家，你们不必担忧。如果你们想进一步了解我现在的情况可以给梅打电话，或直接去见她。要记住，我是永远爱你们的，时常想念着你们。

我现在待的地方是不大可能收到来信的，因此你们也不必费神给我写信。如果你们仍在香港，梅会把此信交给你们的。

大约两周前是华伦的生日，我整天都在想念你们，我未能送给你们我许诺的生日礼物，感到十分遗憾。但我希望不久能予以弥补。无论如何，我应该能在圣诞节前见到你们，你们至少能收到我的圣诞礼物。

请代我向你们的妈妈和Joules问好!

吻你们
爱你们的爸爸
1940年9月25日 星期四

1940年9月25日陈三才在南京狱中给儿子华伦、女儿琼写的英文信汉译

陈三才子陈华伦（左一）与女友和朋友们

陈华伦在美国西点军校

前排为梅琳与夫，后排为陈华伦与妻。2012年8月4日摄于加里福尼亚州宅前

老年陈华伦

因查询陈三才生平事迹，编者陆宜泰（中）多次专程赴沪拜访杨小佛（左）、陈梦熊（右）先生并合影留念

2009年6月13日，陆宜泰（左）为查询陈三才遗书专程赴沪衡山宾馆拜访美籍女作家刘年玲（刘驭万女儿）

三、历史不会忘记他

马家雄所作“陈三才烈士纪念馆”篆刻

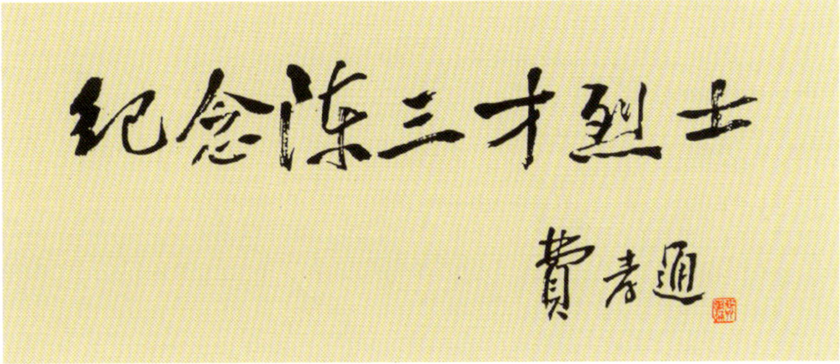

2001年，费孝通先生为陈三才烈士纪念馆题词

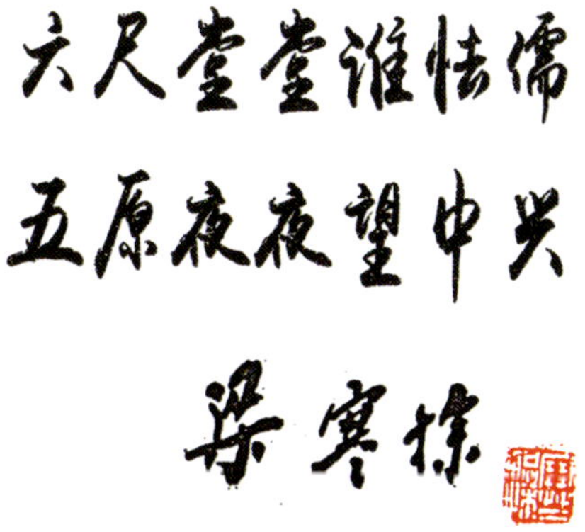

陈三才牺牲后，梁寒操先生题挽联：
“六尺堂堂谁怯儒，五原夜夜望中兴。”

何应钦为陈三才像题词

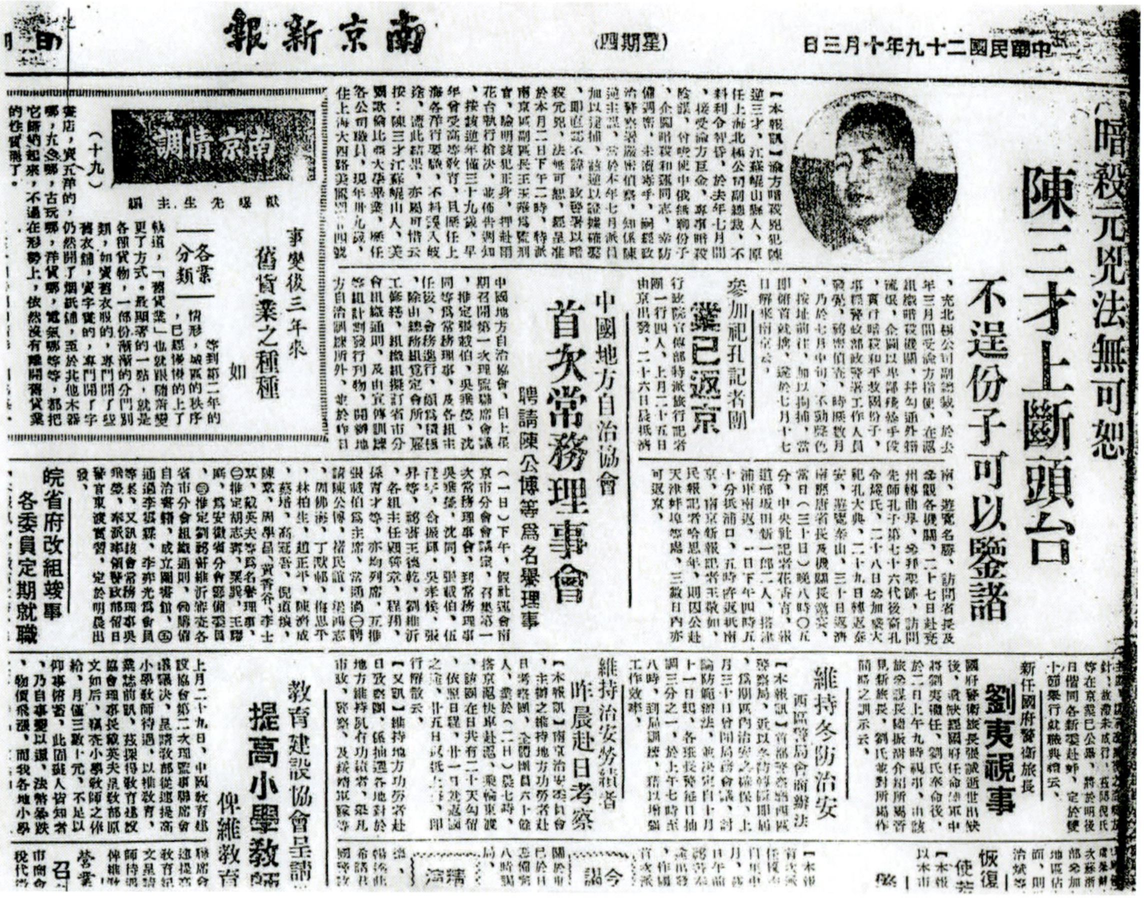
南京新報
中華民國二十九年十月三日 (星期四)
暗殺元兇法無可恕
陳三才上斷頭台
不逞份子可以鑒諸
中國地方自治協會
首次常務理事會
聘請陳公博等爲名譽理事
劉夷視事
維持冬防治安
教育建設協會呈請
提高小學教師
皖省府改組竣事
各委員定期就職
南京情調
事變後三年來
舊貨業之種種

1940年10月3日《南京新报》①刊载陈三才被处决消息

中华民国二十九年十月三日《南京新报》
暗杀元凶法无可恕 陈三才上断头台 不逞份(分)子可以鉴诸

《本报讯》渝方暗杀凶犯陈逆三才，江苏昆山县人，原任上海北极公司副总裁，不料利令智昏，于去年七月间，受渝方巨金，专事暗杀阴谋，曾唆使中俄无聊分子，企图暗杀和运同志，幸防备周密，未遭毒手，嗣经政治警察署严密侦察，知系陈逆主谋，当于本年七月派员加以逮捕，该逆以证据确鉴，即直认不讳，政警署以暗杀元凶法无可恕。经呈准于本月二日下午二时，特派南京区副区长王玉华为监刑官，验明该犯正身，押赴雨花台执行枪决。并布告周知。按该逆年仅三十九岁，早年受高等教育，且历任上海各洋行要职，不料误入岐途，遭此结果，亦属可惜云。按：陈三才江苏昆山人，美国哥伦比亚大学毕业，历任各公司职员，现年卅九岁，住上海大西路美丽园廿四号，充任北极公司副总裁，于去年三月受渝方指使，在沪组织暗杀机关，并勾通外籍流氓，企图以卑鄙残暴手段，实行暗杀和平救国份（分）子，事经警政部警署工作人员发觉，秘密侦查，时历数月，乃于七月中旬，不动声色，按址前往，加以拘捕，当即俯首就擒，遂于七月十七日解来南京云。

① 《南京新报》为当时汪伪政府所办，其报道纯属颠倒黑白，诽谤陈三才大义凛然的锄奸行动。

陳三才被槍決

據華聞社云、前任上海北極公司副總裁之陳三才、江蘇崑山縣人、於去年七月間、在滬活動、嗣被滬西方面逮捕、解往南京、頃悉於本月二日下午槍決、按陳三才、年僅三十九歲、曾受高等教育、歷任上海各洋行要職、茲遭此結果、聞者無不可惜、

《申報》 中華民國二十九年 西曆一千九百四十年十月四號 星期五 上海申報館 第二萬三千九百十九號(上海版) 8

1940年10月4日《申报》全张刊载陈三才被处决消息

中华民国二十九年十月四日《申报》

陈三才被枪决

据华闻社云，前任上海北极公司副总裁之陈三才，江苏昆山县人，于去年七月间，在沪活动，嗣被沪西方面逮捕，解往南京，顷悉于本月二日下午枪决。按陈三才，年仅三十九岁，曾受高等教育，历任上海各洋行要职，兹遭此结果，闻者无不可惜。

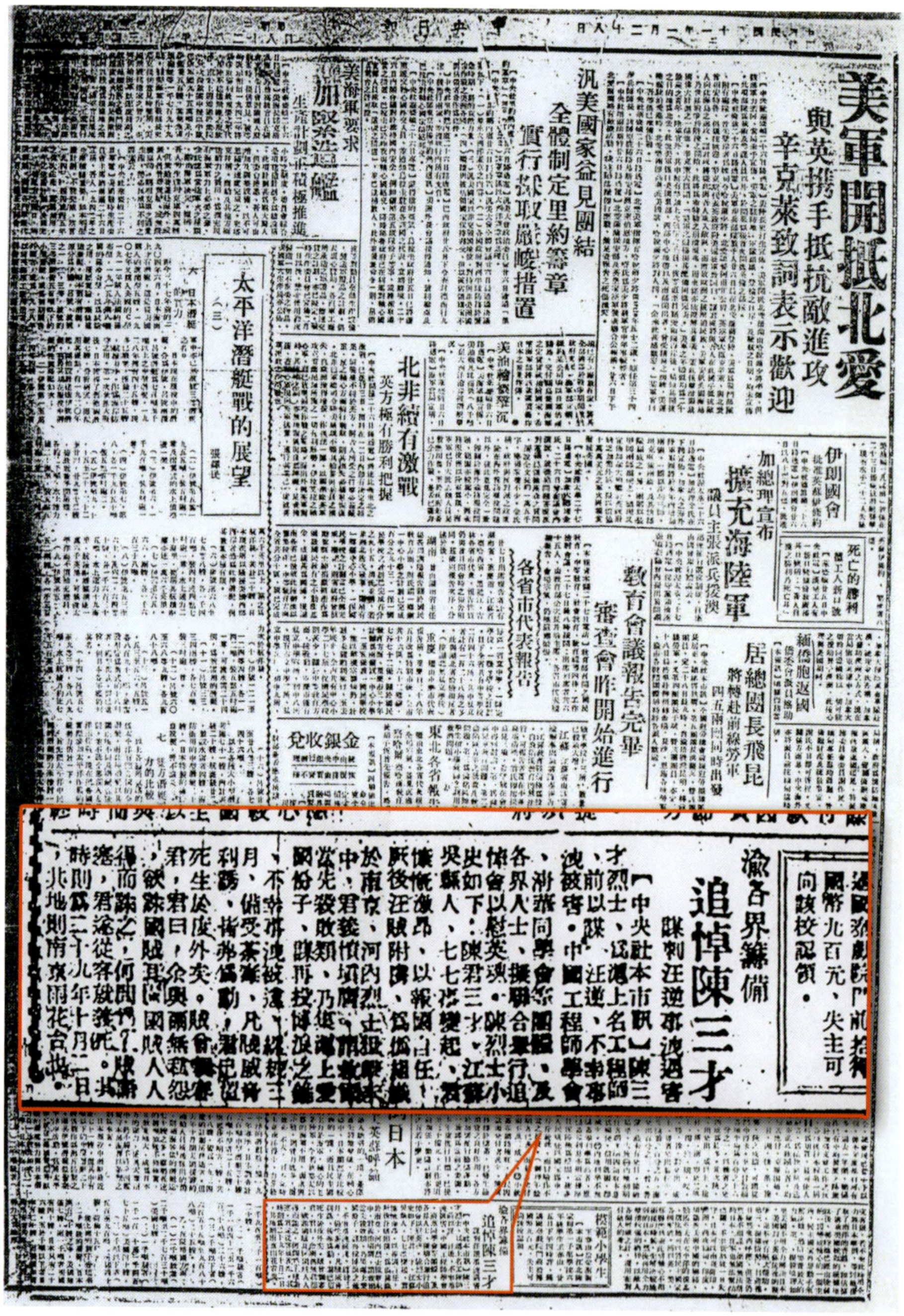

美軍開抵北愛
與英攜手抵抗敵進攻
辛克萊致詞表示歡迎

汎美國家益見團結
全體制定里約籌章
實行採取嚴峻措置

美海軍要求
加緊造艦

太平洋潛艇戰的展望

北非續有激戰
英方極有勝利把握

加總理宣布
擴充海陸軍

居總團長飛昆

教育會議報告完畢
審查會昨開始進行

各省市代表報告

金銀收兌

渝各界籌備
追悼陳三才
謀刺汪逆事洩遇害

1942年1月28日《中央日报》全张

中华民国三十一年一月二十八日《中央日报》
渝各界筹备 追悼陈三才
谋刺汪逆事泄遇害

(中央社本社讯) 陈三才烈士，为沪上名工程师，前以谋刺汪逆，不幸事泄被害。中国工程师学会、清华同学会等团体，及各界人士，拟联合举行追悼会以慰英魂。

陈烈士小史：陈君三才，江苏吴县人，七·七事变起，君慷慨激昂，以报国已任，厥后汪逆附虏，为伪组织于南京，河内烈士阻击未中，君义愤填膺，谓救国当先杀败类，乃集沪上爱国分子，谋再投博浪之锥，不幸事泄被捕，经押三月，备受荼毒，凡贼威胁利诱，皆弗为动，君已置生死于度外矣。贼曾亲审君，君曰，余与尔无私怨，欲诛国贼耳，国贼人人得而诛之，何问为，贼语塞，君遂从容就义死。其时则为二十九年十月二日，其地则为南京雨花台也。

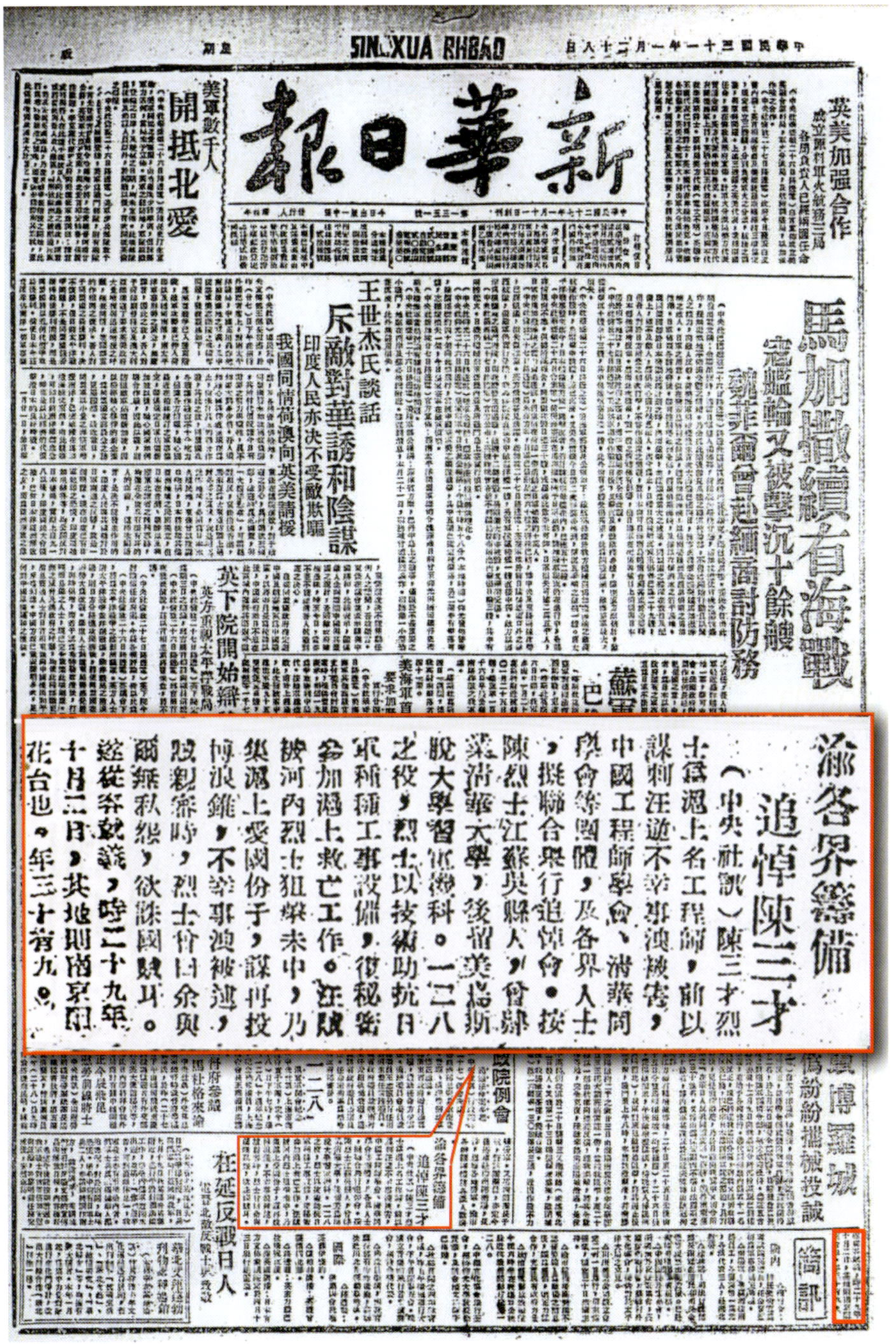
新華日報

渝各界籌備 追悼陳三才

（中央社訊）陳三才烈士，為滬上名工程師，前以謀刺汪逆不幸事洩被害，中國工程師學會、清華同學會等團體，及各界人士，擬聯合舉行追悼會。按陳烈士江蘇吳縣人，曾肄業清華大學，後留美烏斯脫大學習電機科。一二八之役，烈士以技術助抗日軍種種工事設備，後秘密參加滬上救亡工作。汪逆被河內烈士狙擊未中，乃集滬上愛國份子，謀再投博浪錐，不幸事洩被逮，賊親審時，烈士曾曰余與爾無私怨，欲誅國賊耳。遂從容就義，時二十九年十月二日，其地則南京雨花台也。年三十有九。

1942年1月28日（中共重庆）《新华日报》报道

中华民国三十一年一月二十八日《新华日报》
渝各界筹备　追悼陈三才

(中央社讯) 陈三才烈士，为沪上名工程师，前以谋刺汪逆不幸事泄被害。中国工程师学会、清华同学会等团体，及各界人士、拟联合举行追悼会。

按陈烈士江苏吴县人，曾肄业清华大学，后留美乌斯脱大学习电机科。一·二八之役，烈士以技术助抗日军种种工事设备，后秘密参加沪上救亡工作。汪逆被河内阻击未中，乃集沪上爱国分子，谋再投博浪锥，不幸事泄被逮，贼亲审时，烈士曾曰余与尔无私怨，欲诛国贼耳，遂从容就义。时二十九年十月二日，其地则为南京雨花台也。年三十有九。

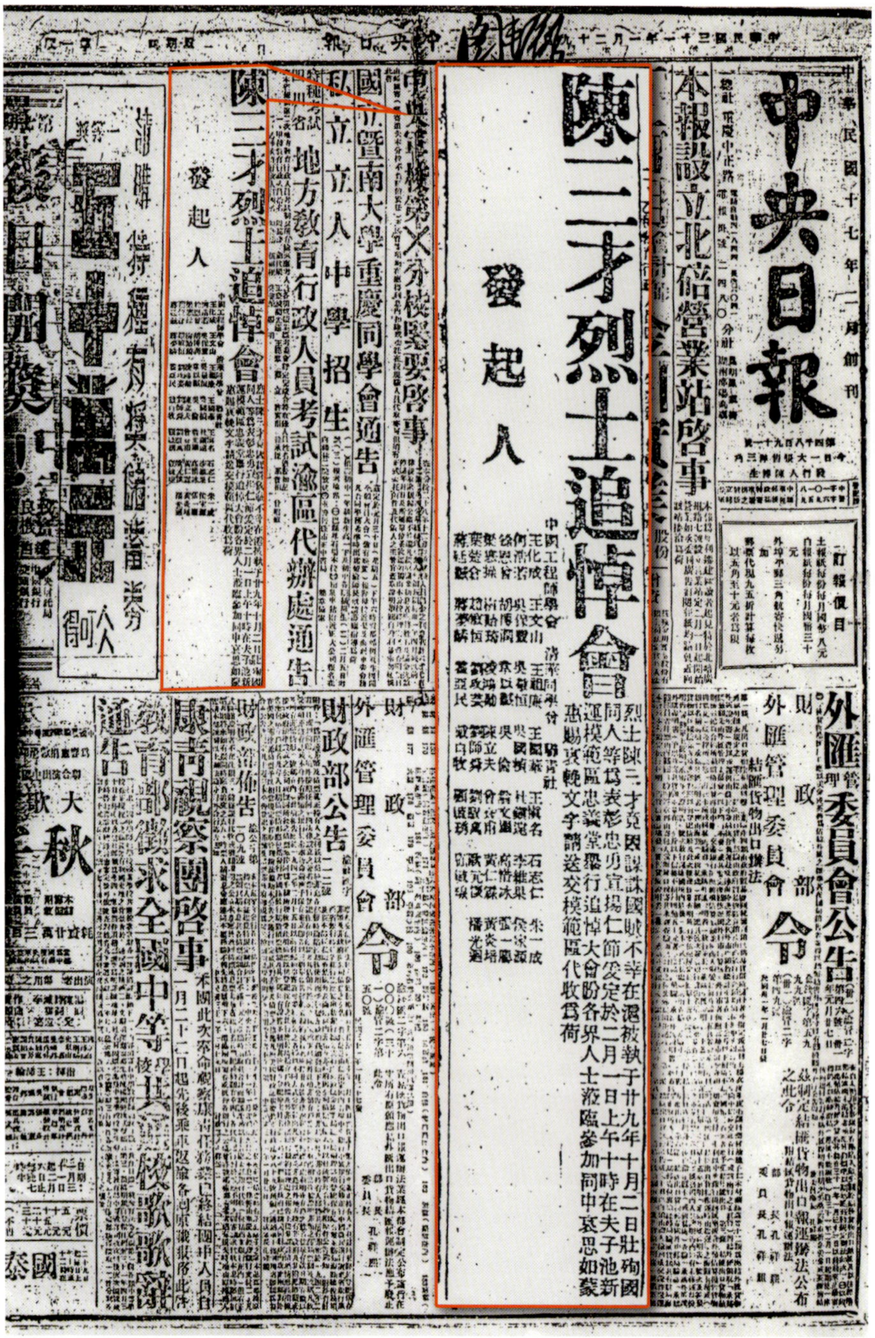
中央日報

中華民國十七年二月創刊

本報設立北碚營業站啓事

陳三才烈士追悼會

烈士陳三才竟因謀刺國賊不幸在滬被執于廿九年十月二日壯殉國同人等爲表彰忠勇宣揚節烈定於二月一日上午十時在夫子池新運模範區忠義堂舉行追悼大會盼各界人士蒞臨參加同申哀思如蒙賜哀輓文字請交模範區代收爲荷

發起人

國立暨南大學重慶同學會通告

私立立人中學招生

地方教育行政人員考試渝區代辦處通告

財政部令

財政部公告

外匯管理委員會公告

1942年1月29日《中央日报》全张

中华民国三十一年一月二十九日《中央日报》

陈三才烈士追悼会：烈士陈三才竟因谋刺国贼不幸在沪被执，于廿九年十月二日壮殉国。同仁等为表彰忠勇宣扬节爰，定于二月一日上午十时，在夫子池新运模范区忠义堂举行追悼大会，盼各界人士莅临参加同申哀思。如蒙赐哀挽文字请交模范区代收为荷。

发起人：中国工程师学会、清华同学会、联青社

王化成　王文山　王祖廉　王慎名　王国华　石志仁　朱一成　何浩石
吴保丰　吴敬恒　吴国桢　杜镇远　李惟果　候家源　徐恩曾　胡博润
韦以诚　吴　伦　翁文灏　高惜兵　张一麐　梁寒操　梅贻琦　淩鸿勳
陈立夫　曾养甫　黄仁霖　黄炎培　叶楚伧　赵敬恒　刘攻芸　刘师舜
刘驭万　欧元怀　潘光迥　蒋廷黻　蒋梦麟　霍亚民　戴自牧　顾毓琇
顾毓瑔

1942年2月1日，重庆各界人士举行“陈三才烈士追悼会”，由张一麐主祭、冯玉祥等陪祭，冯玉祥在会上作演讲

1942年2月2日（中共重庆）《新华日报》全张

中华民国三十一年二月二日《新华日报》
刺逆未成身先死 陪都哀悼陈三才

(本报讯) 烈士陈三才谋刺汪逆，事泄被害，已历年余，中国工程师学会、清华同学会、联青社，及其友好张一麐、冯玉祥、翁文灏、吴国桢、梁寒操等，特发起于昨(一日)假夫子池新运服务所，举行纪念会。由张一麐主祭，冯玉祥、吴国桢等陪祭。祭毕，由烈士同级同学某君报告生平事迹及殉难经过，略谓烈士在校时，即为才学冠侪辈之一人，后赴美国留学，在电工方面造诣极深，烈士本为不问政治之人，但八一三战起，即纠合工程界同志协助上海抗战，后以汪逆卖国，遂愤而谋诛此奸逆，不幸事泄被害，烈士在狱时，曾托友人捎出遗书，备道奸逆威迫利诱之无耻，某君当众宣读，如闻烈士之声，旋唱哀歌(国殇)，继由冯玉祥将军讲演，并朗诵所作悼诗，奏哀乐后礼成。

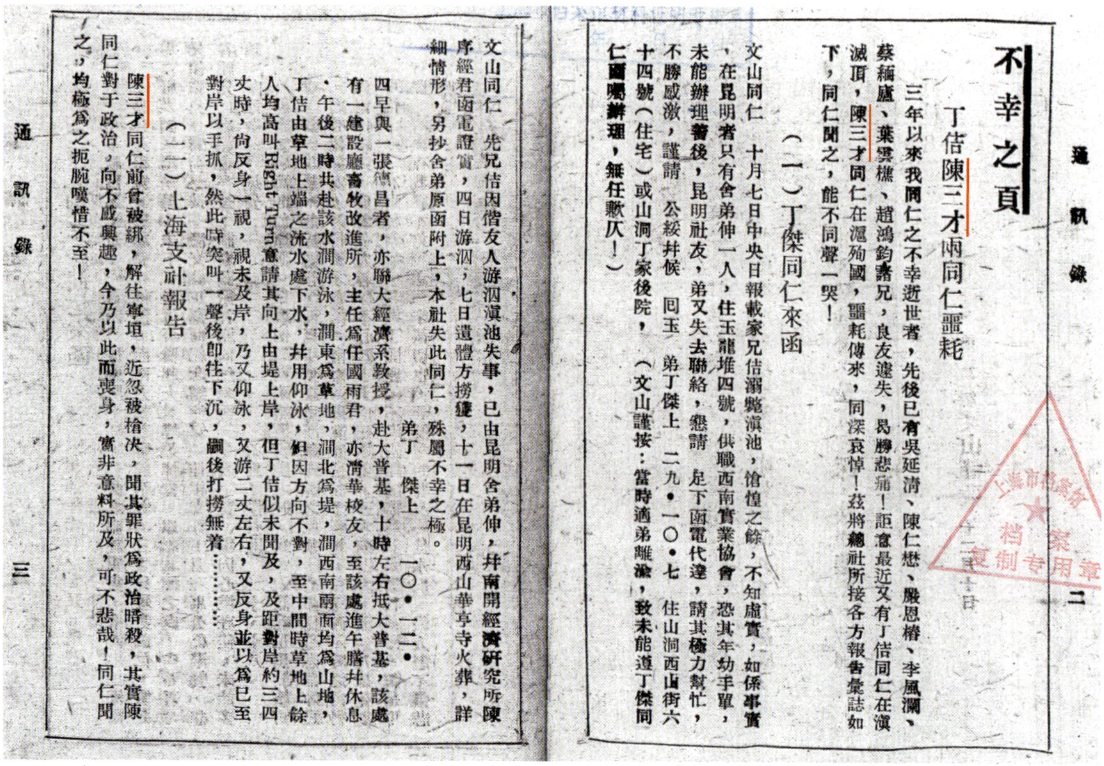

通訊錄　二

不幸之頁

丁佶陳三才兩同仁噩耗

三年以來我同仁之不幸逝世者，先後已有吳延清、陳仁懋、殷恩椿、李風瀾、蔡稀廬、葉雲樵、趙鴻鈞諸兄，良友遽失，曷勝悲痛！詎意最近又有丁佶同仁在滇滅頂，陳三才同仁在滬殉國，噩耗傳來，同深哀悼！茲將總社所接各方報告彙誌如下，同仁聞之，能不同聲一哭！

（一）丁傑同仁來函

文山同仁　十月七日中央日報載家兄佶溺斃滇池，愴惶之餘，不知虛實，如係事實，在昆明者只有舍弟仲一人，住玉龍堆四號，供職西南實業協會，恐其年幼手單，未能辦理善後，昆明社友，弟又失去聯絡，懇請　足下函電代達，請其極力幫忙，不勝感激，謹請　公綏并候　同玉　弟丁傑上　二九・一〇・七　住山洞西山街六十四號（住宅）或山洞丁家後院，（文山謹按：當時適弟離渝，致未能遵丁傑同仁囑辦理，無任歉仄！）

通訊錄　三

文山同仁　先兄佶因偕友人游泅滇池失事，已由昆明舍弟仲，并南開經濟研究所陳序經君函電證實，四日游泅，七日遺體方撈獲，十一日在昆明西山華亭寺火葬，詳細情形，另抄舍弟原函附上，本社失此同仁，殊屬不幸之極。　弟丁　傑上　一〇・一二・

四星與一張德昌者，亦聯大經濟系教授，赴大普基，十時左右抵大普基，該處有一建設廳畜牧改進所，主任爲任國雨君，亦清華校友，至該處進午膳并休息，午後二時共赴該水澗游泳，澗東爲草地，澗北爲堤，澗西南兩面均爲山地，丁佶由草地上端之流水處下水，并用仰泳，但因方向不對，至中間時草地上餘人均高叫Right Turn意請其向上由堤上岸，但丁佶似未聞及，及距對岸約三四丈時，尚反身一視，視未及岸，乃又仰泳，又游二丈左右，又反身並以爲已至對岸以手抓，然此時突叫一聲後卽往下沉，嗣後打撈無着……

（二）上海支社報告

陳三才同仁前曾被綁，解往寧垣，近忽被槍決，聞其罪狀爲政治暗殺，其實陳同仁對于政治，向不感興趣，今乃以此而喪身，實非意料所及，可不悲哉！同仁聞之，均極爲之扼腕嘆惜不至！

1942年，仁社《通讯录》载陈三才遇害噩耗

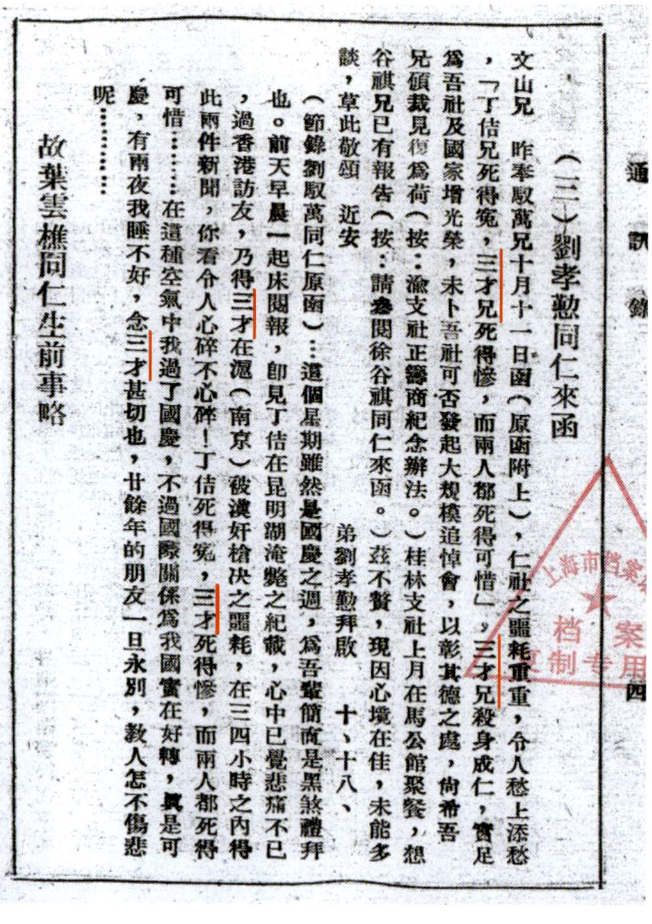

通訊錄　四

（三）劉孝勲同仁來函

文山兄　昨奉馭萬兄十月十一日函（原函附上），仁社之噩耗重重，令人愁上添愁，「丁佶兄死得冤，三才兄死得慘，而兩人都死得可惜」，三才兄殺身成仁，實足爲吾社及國家增光榮，未卜吾社可否發起大規模追悼會，以彰其德之處，尚希吾兄碩裁見復爲荷（按：渝支社正籌商紀念辦法。）桂林支社上月在馬公館聚餐，想谷祺兄已有報告（按：請參閱徐谷祺同仁來函。）茲不贅，現因心境在佳，未能多談，草此敬頌　近安　弟劉孝勲拜啟　十、十八、

（節錄劉馭萬同仁原函）…這個星期雖然是國慶之週，爲吾輩簡直是黑煞禮拜也。前天早晨一起床閱報，卽見丁佶在昆明湖淹斃之紀載，心中已覺悲痛不已，過香港訪友，乃得三才在滬（南京）被漢奸槍決之噩耗，在三四小時之內得此兩件新聞，你看令人心碎不心碎！丁佶死得冤，三才死得慘，而兩人都死得可惜……在這種空氣中我過了國慶，不過國際關係爲我國實在好轉，眞是可慶，有兩夜我睡不好，念三才甚切也，廿餘年的朋友一旦永別，教人怎不傷悲呢……

故葉雲樵同仁生前事略

1942年，仁社《通讯录》刊入刘驭万同仁来函，纪念陈三才

表扬忠烈

在抗战期中，本校校友以身殉国，死事之烈，若沪上之陈三才、赣北之姚明达、缅甸之齐学启，皆足名垂青史，实亦母校之光，将来拟于清华水木之间勒碑纪念，或更编印纪念册，以资流传。惟目前消息尚多阻隔，必有甚多壮烈事实，未为校中所得悉者，所望校友诸君，各就所知，尽量函靠，即有重复，尤利参证，以慰忠魂，以励来者。

校友陈三才君为国牺牲

最后尚有一事，虽至可悲，不得不向校友诸君报告者，即校友陈三才君之殉国是。陈君以前年殉国，然因真相未明，不及于去年报告中及之。三才系江苏吴县人，为本校旧制一九二〇级级友，民国九年留美后，为麻省渥斯德大学电机系高材生，得有电机工程师学位。民十四归国，在上海工商界历任要职，“一二八”之役，以及“八一三”沪战开始后，参加救援工作不遗余力，及汪逆叛国；设伪政权於南京，陈君在沪上以为巨奸苟除，群丑自败，遂决心图谋暗杀，不幸机密泄漏，功败垂成，卒至以身殉国。陈君于民国廿九年七月初旬，被汪逆党羽绑赴南京，备受刑毒后，于十二月二日被汪逆枪杀于南京雨花台。陈君殉国之经过，大要如此。我校校友于抗战期内杀身成仁者，以陈君为最著亦以陈君为最惨，今后应如何于文字上及事业上纪念陈君，永垂久远，一部分校友正在筹划中。鄙意事平以后，凡校友为国家抗战直接间接捐躯，而校中应有一伟大而永久之纪念物品以慰英魂，以励来者，所望各位校友随时随地留意访察，倘有所闻，希以见告。其作奸附逆者，当亦有人，亦应给予相当之处置，但吾人深信前者大光辉，足以掩后者之污点耳。

《清华校友通讯》（八卷一期）

1942 年 4 月

1942年4月，清华大学梅贻琦校长表扬忠烈：校友陈三才君为国牺牲

本书编者为追寻烈士足迹与烈士母校清华大学校史研究室往来信函的信封之一

Japanese Victim

1. For the past four years, there have been rumors that Sarcey T. Chen, '24, had been killed by the Japanese in China. The rumor has finally been confirmed from two sources. Mrs. Margaret Fuller Gardner, formerly of Worcester, and a sister of Lt. Comdr. Roger A. Fuller, '24, is responsible for securing the information. Chen and other Chinese students were frequent visitors at the Fuller home, and contacts with them was maintained as long as possible.

2. In a letter to Mrs. Gardner, Chih Meng, director of the China Institute in America, writes, "Unfortunately, it is true that Sarcey Chen was assassinated by the Japanese. The information is rather meager. It happened about 1940." Another similar statement came from Mrs. Chu Shih-ming, wife of a Chinese admiral in the diplomatic service in Washington. "What you wrote about Sarcey Chen is all true. I am sorry I cannot give you further information regarding him while the war is going on, as there are others to be considered at present. After the war, I will be glad to furnish you with more information."

3. According to the last report received, Chen was vice-president of the American Engineering Corporation in Shanghai. A dispatch from that city in July 1940, stated that he had been kidnaped from the International Settlement.

4 Sarcey Chen was one of the first six in the class, a member of Tau Beta Pi and Sigma Xi. He was captain of the soccer team, captain of the tennis team and singles champion of the college. He was also treasurer of the Cosmopolitan Club, and vice-president of the debating society. He was born in Soochow, China, August 4, 1902, and graduated from Tsing Hua College before entering the Institute

美国陈三才母校档案馆保存有关陈三才牺牲消息证实的信函原文

1. 过去四年来一直有传闻说1924届的陈三才在中国被日本人杀害。这传闻通过两个渠道的消息得到证实。负责收集陈先生情况的是曾在伍斯特理工学院工作过的玛格丽特 · 福勒 · 高德纳夫人，她是24届校友海军少将罗杰 · 福勒的姐姐。陈先生和其他中国学生是福勒家的常客，他们在很长一段时间里一直保持联系。

2. 在美国的中国研究所的主任迟蒙(音)给高德纳夫人的信中写道：“很不幸，陈三才被日本人杀害的消息是真的。消息很不详细，事情大约发生在1940年。”另一条类似消息来自朱世明(音)夫人，她是中国驻华盛顿外交机构中一位海军上将的夫人。她写道：“你信中写到的关于陈三才的情况都是真的。很遗憾我不能给你提供更多的情况，因为目前战争尚未结束。并且还有许多其他情况要了解。待战争结束后，我会很乐意为你们提供更多情况。”

3. 根据最近收到的材料，陈先生是在上海的美国工程有限公司任副总经理。1940年7月，从上海发来的紧急公文称陈先生在公共租界被绑架。

4. 陈先生是班级里前二名的学生，是工程研究会和科学研究会的会员，他还是足球队队长、网球队队长、学院网球赛单打冠军。他还任“四海一家俱乐部”的会计和辩论协会副主席。陈三才1902年8月4日出生于中国苏州，由清华大学毕业后考入伍斯特理工学院。

美国陈三才母校档案馆保存有关证实陈三才牺牲消息的信函汉译

聯青社 中國通惠機器公司
仁社 北極公司 發起

陳烈士三才追悼會

日期·民國三十四年十月二日下午四時半
地點·上海貝當路五十三號美國教堂

1945年10月2日下午，“陈烈士三才追悼会”通知

陳三才烈士追悼會
秩　序

奏琴	阮郃珍女士
祈禱	丁光訓牧師
唱詩（第256首）	全體
讀經	
唱詩	唱詩班
行述	陸梅僧先生 黄宗平先生 湯楊錫綝女士
獨唱	陳植先生
致悼詞	顧毓琇先生 李惟果先生 邵家麟先生 李元信先生
唱詩	唱詩班
家屬致謝詞	陳佑之先生
唱詩（第239首）	全體
祝福	

1945年10月2日下午四点半，“陈三才烈士追悼会”秩序册

1945年10月2日下午，“陈三才烈士追悼会”在上海衡山路53号“国际礼拜堂”举行

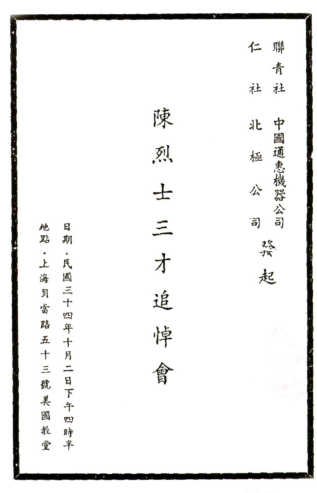

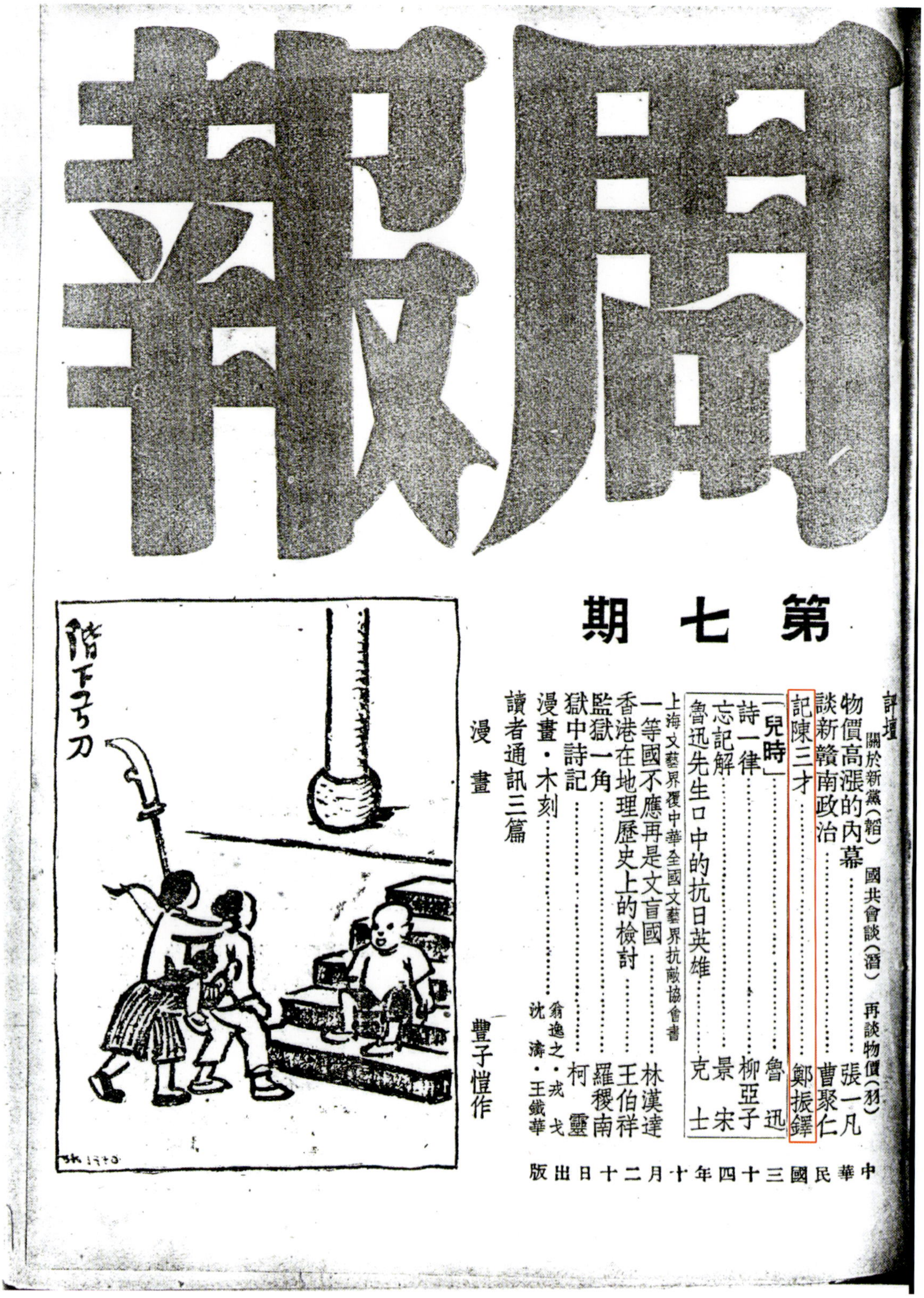

周報

第七期

評壇 關於新黨（韜） 國共會談（滔） 再談物價（羽）

物價高漲的內幕……張一凡
談新贛南政治……曹聚仁
記陳三才……鄭振鐸
「兒時」……魯迅
詩一律……柳亞子
忘記解……景宋
魯迅先生口中的抗日英雄……克士
上海文藝界覆中華全國文藝界抗敵協會書
一等國不應再是文盲國……林漢達
香港在地理歷史上的檢討……王伯祥
監獄一角……羅稷南
獄中詩記……柯靈
漫畫・木刻……翁逸之・戎戈 沈濤・王鐵華
讀者通訊三篇
漫畫……豐子愷作

中華民國三十四年十月二十日出版

1946年10月20日《周报》封面

蟄居散記（七）

鄭振鐸

記陳三才

像晴天的一個霹靂似的，朋友們傳說着陳三才先生被捕的消息。沒有理由使我們相信：陳先生會遭遇這個不幸的。雖然在那個時候，個個淪陷在敵人後方的人，生命的安全隨時會發生危險，但像他那樣的人，似乎最不容易有什麼「牽惹」。

他是一個典型的美國留學生，出身于清華學校，做了好幾年的北極公司經理，和道惠機器公司董事。他是那樣的和現在的政治隔絕。誰也不能明白，這一次他怎麼會被牽涉到『政治』漩渦裏去的？

他被捕後，不到三個月，便被漢奸殺死；就義的地點是南京，雨花台。

漢奸們那末公開的宣布殺人，恐怕還是破天荒的第一次。他們向來慣用的是鬼鬼祟祟的暗殺手段，為什麼這一次會這樣的「大張旗鼓」呢？如果沒有什麼深讎大怨，他們怎麼敢下這個辣手呢？

在陳先生就義後，才有人傳說，他是負着重要的地下工作的使命的。他計劃着一個鋤除汪逆精衛的布置。可惜布置未就，他的計劃，却被漢奸的特務們所發現了。

他在監獄裏，曾寄出好幾封信。在就義的前兩天寫給他家屬的一封長信，可以說是最後的一封，也可以說是他的遺囑。原信是英文，他的家屬曾把牠譯出。

「在滬六日，可謂最苦。備嘗懸吊及各種肉刑。而廿四小時後之處置，尤為嚴厲。住所，食物，絕非人類所能忍受。

「遷移後的待遇，確是好得多。生活很有規則，也合衛生。不啻又恢復了我的學校生活。不過這裏的學生待遇，是有等級的，分了頭、二、三等。……我僥倖作了頭等生，事實上我和其他四位還作了特等生，有機會和教授先生們談話，並享幾種為其他頭等生所不許的特權，譬方可以公開吸烟，而別人只能背地吸。

「我的健康的確有進步。照起鏡子來，顯然我的氣色比前好，眼睛也比較的有光。在我自己可以說比初來時還年輕了幾歲，也未可知。這次南京短期旅行，於我益處很多，身體上的改進，就是其中之一。

「第二是內心的進步。長日的閒暇，使我靜心思索，對于過去生活，感覺無限空虛。這種反省，固然在一年前就已開始，可是直到最近，才深切領悟真理的全部。約近一年以前，決意創造我的新生命，那正是我去香港之後。因為在那次旅行，得到機會遇見多年闊別的老朋友，給我新的刺激。我可以清清楚楚把那些朋友，分為兩派。一派只圖自己享樂，其他一派則生活有一定的目標，並且不辭勞作，以求達到目的。前一派人，以外貌觀之，無憂，無慮，快樂，友善。但是他們的友善，總不免於虛偽。他們服裝講究，出入華貴之門，固然常為紈袴子弟所稱羨，但是他們的生命同歲月，不知所謂地流盪過去，毫無成就。後一派人，外貌看來嚴肅，缺少生氣，可是一旦得到他們的友誼，就會持久不變。他們雖深藏不露，而識見極穩[illegible]派的人似乎不及前一派那些人聰明，但是有毅力，終會很穩健的達到他們的目的。正當[illegible]下墜落的時候，後一派人不停的向前努力；這不用智者就會知道在生命競走上是誰占先。我識別了這兩派不同的人，却在表面上保持着同樣的友誼。……不待我認清自己，衆人早已這樣認定，一直認定我是一個驕子，沒有思想的留學生，只知道尋歡、作樂，不肯埋頭苦幹。噫，何種的誤識，何種的覺悟！

「我的朋友不見得全是錯誤。他們的判斷，該是對的。我該是屬于第一派。僅僅這次在香港，我才發覺我不情願屬于第一派。只有改變我的生活方式。也許你已經留心到，我正在努力改變，不飲酒，不吸烟，對於賭博，也是盡量減少。漸漸避免同我從前那樣生活方式的朋友們來往——使我大為驚奇的，自從和這一些人疏遠以後，我往來的朋友，簡直沒剩下幾個。我素以為自己朋友很多，這一來，我的虛榮心不免受了重大的打擊。也正可以證實，我的朋友大半都是屬于這一流，而我自己也不能除外。既經覺悟，我不必太懊喪枉費了多年的時力來結交這些朋友。從新開始還不為晚啊！

「最近兩月，我得到反省的機會。思想的結晶，堅定我前者的決心。而這一次的特點是加上了道德的信念。我自信過去的生活，自私而無用。同時，我相信，將來惟一的幸福是建立在為他人服務的生活上。我差不多費了十三年的工夫來了解：一個人的幸福不在乎自己有所得，而在乎為別人服務。我願上帝賜我恩惠，使我死心塌地有堅決的信心。」

他的轉變，在這信裏，寫的是那末懇摯而真切。香港之行，使他與愛國者們之間取得了密切的聯絡。他的地下工作大約便在那時開始的。他有很好的社會關係，和很好的工作掩護。漢奸們決不會懷疑到他的。所以他的初期工作，大約相當成功。但不久，終於被出賣了。他對於出賣他的人，竟也寬恕着：

「希望我的性靈也能到得改善。新約我已讀了好幾遍，也學會祈禱。雖然我還沒有成一個真實信徒，至少已經接近基督的教義。比方說，我已經能抑制自己不去仇恨這次演成事變的人們，反而憐憫他們，認為他們的行為如果有罪，將來自有公正的處罰。我是什麼人，怎配來裁判？一切的事，許都是上帝的旨意。如果南京之行，于我不利，正因為我過去生活的放蕩而有應得之責罰。反而言之，若此行于我有利，那就許是上帝的旨意。無論如何，我都無怨尤。」

這已是「仁人」的用心了。志士和仁人原是分別不開的。他的見道之言，證實了這次的中·日之戰，雖然顯現了自私自利的卑鄙無恥的漢奸們的面目，同時也覺醒了無數的青年們，放棄了過去的生活方式，而從事於祖國的解放戰爭。戰爭使我們分別出，黑與白，邪與正，忠與奸來。戰爭使社會的「渣滓」們沉淪了下去，而使清新的份子浮現了出來。雖然那些清新的份子們被犧牲，被殺害了不少，而留下來的却都是建國之實。可惜的是，陳三才先生却永遠不能參與這個建國的大業了！

三才先生名定達，江蘇崑山人，生于清光緒念八年，殉難于民廿九年十月二日，年三十九。

·周·報·

1946年10月20日，《周报》刊郑振铎文章《记陈三才》

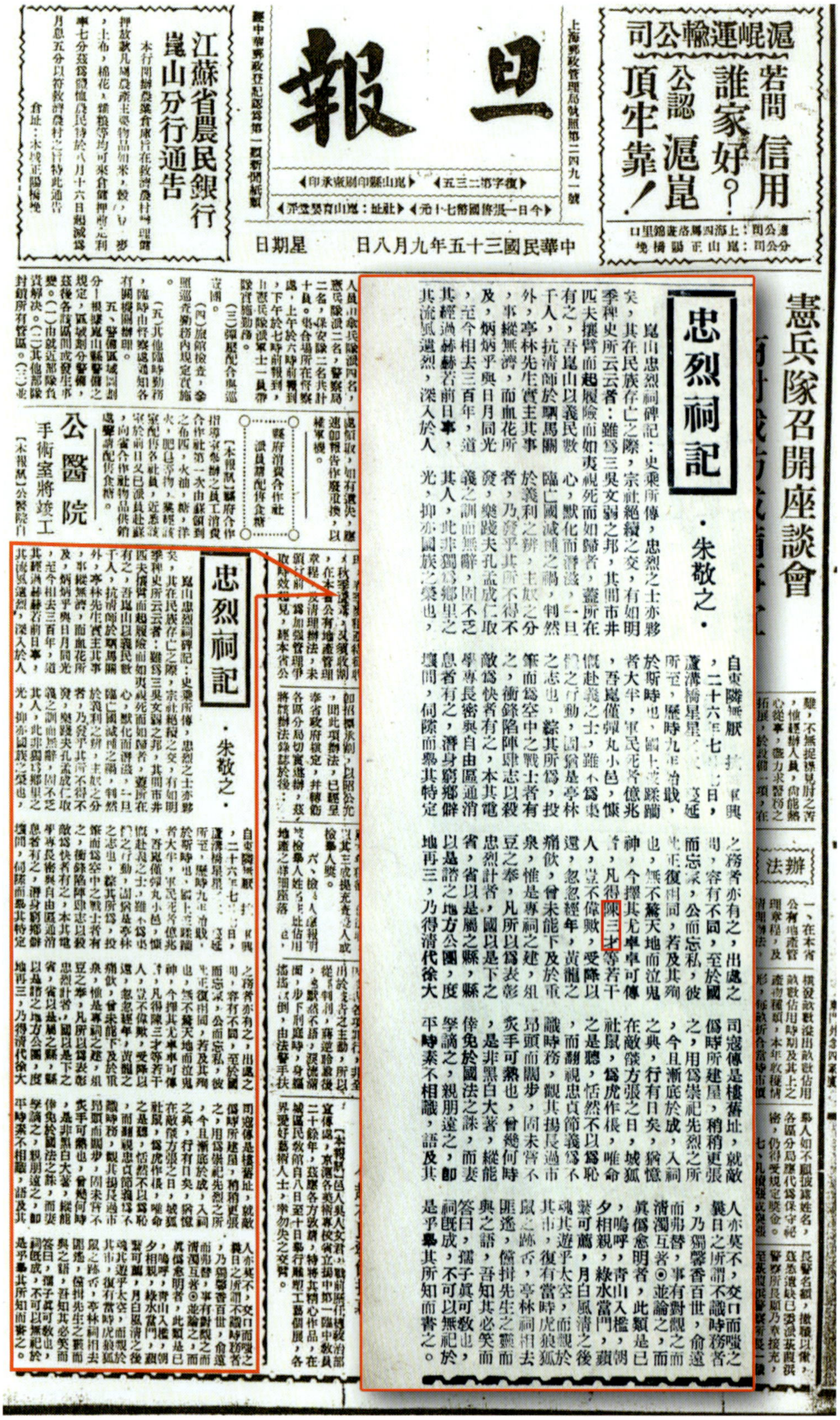

旦報

中華民國三十五年九月八日 星期日

滬崑運輸公司 若問誰家好？信用公認滬崑頂牢靠！

江蘇省農民銀行崑山分行通告

憲兵隊召開座談會

忠烈祠記

·朱敬之·

崑山忠烈祠碑記：史乘所傳，忠烈之士亦夥矣，其在民族存亡之際，宗社絕續之交，有如明季稗史所云云者：雖爲三吳文弱之邦，其間市井匹夫攘臂而起履險而如夷視死而如歸者，蓋所在有之，吾崑山以義民數千人，抗清師於騏馬關外，亭林先生實主其事，事縱無濟，而血花所及，炳炳乎與日月同光，至今相去三百年，道其經過赫赫若前日事，其流風遺烈，深入於人心，默化而潛滋，一旦臨亡國滅種之禍，判然於義利之辨，主奴之分者，乃發乎其所不得不發，樂踐夫孔孟成仁取義之訓而無辭，固不乏其人，此非獨爲鄉里之光，抑亦國族之榮也，自東鄰無厭，抗戰軍興，二十六年七月七日，蘆溝橋星星之火，蔓延所至，歷時九年始戢，於斯時也，國土迭蹂躪者大半，軍民死者億兆，吾崑僅彈丸小邑，慷慨赴義之士，雖不爲衆體之行動，固猶是亭林之志也，綜其所爲，投筆而爲空中之戰士者有之，衝鋒陷陣肆志以殺敵爲快者有之，本其電學專長密與自由區通消息者有之，潛身窮鄉僻壤間，伺隙而舉其特定之務者亦有之，出處之間，容有不同，至於國而忘家，公而忘私，彼此正復相同，若及其殉也，無不驚天地而泣鬼神，今擇其尤卓卓可傳者，凡得陳三才等若干人，豈不偉歟，受降以還，忽忽經年，黃龍之痛飲，曾未能下及於重泉，惟是專祠之建，俎豆之奉，凡所以爲表彰忠烈計者，國以是下之省，省以是屬之縣，縣以是諸之地方公團，度地再三，乃得清代徐大司寇傳是樓舊址，就敵僞時所建屋，稍稍更張之，用爲崇祀先烈之所，今且漸底於成，入祠之典，行有日矣，猶憶在敵僞方張之日，城狐社鼠，爲虎作倀，唯命之是聽，恬然不以爲恥，而翻視忠貞節義爲不識時務，觀其揚長過市昂頭而闊步，固未嘗不炙手可熱也，曾幾何時，是非黑白大著，縱能倖免於國法之誅，而妻孥謫之，親朋遠之，即平時素不相識，語及其人亦莫不，交口而嗤之，曩日之所謂不識時務者，乃獨馨香百世，愈遠而彌彰，事有對觀之而清濁互著⊙並論之，而眞僞愈明者，此類是已，嗚呼，青山入檻，朝夕相親，綠水當門，蘋蘩可薦，月白風清之後魂其遊乎太空，而觀於其市，復有當時虎狼狐鼠之跡否，亭林祠相去匪遙，儻揖先生之靈而與之語，吾知其必笑而答曰，孺子眞可教也，祠既成，不可以無記於是乎舉其所知而書之。

1946年9月12日，昆山《旦报》朱敬之议长撰《忠烈祠记》（局部放大图）

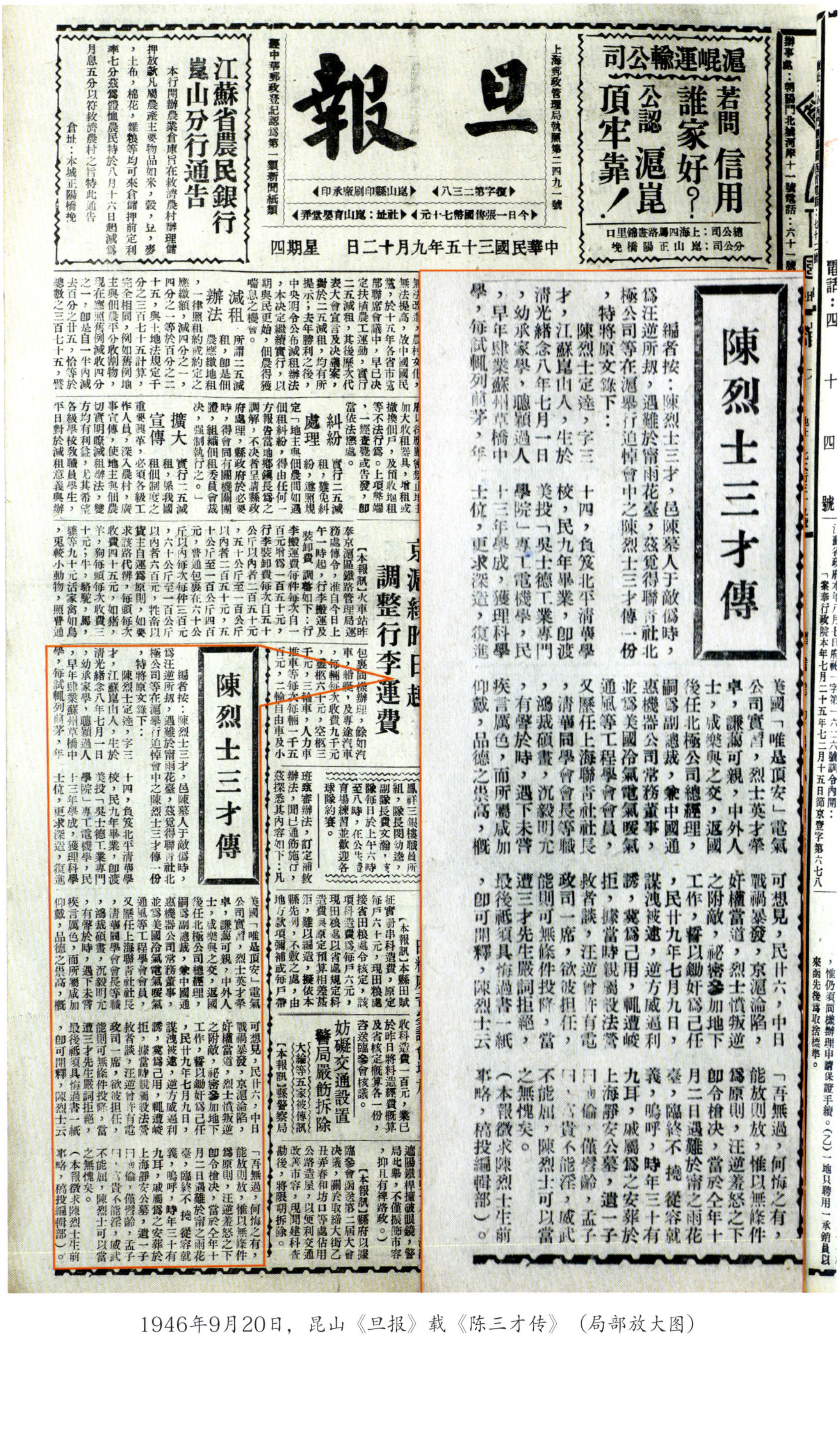

旦報
上海郵政管理局執照第二四九一號
國中華郵政登記認爲第一類新聞紙類
中華民國三十五年九月二十日 星期四

陳烈士三才傳

編者按：陳烈士三才，邑陳墓人，于敵僞時，僞汪逆所捉，遇難於甯雨花臺，茲覓得聯青社北極公司等在滬舉行追悼會中之陳烈士三才傳一份，特將原文錄下：

陳烈士定達，字三才，江蘇崑山人，生於清光緒念八年七月一日，幼承家學，聰穎過人，早年肄業蘇州草橋中學，每試輒列前茅，年十四，負笈北平清華學校，民九年畢業，即渡美投「吳士德工業專門學院」專工電機學，民十三年學成，獲理科學士位，更求深造，復進美國「唯益頂安」電氣公司實習，烈士英才卓卓，謙藹可親，中外人士，咸樂與之交，返國後任北極公司總經理，嗣爲副總裁，兼中國通惠機器公司常務董事，並爲美國冷氣電氣暖氣通風等工程學會會員，又歷任上海聯青社社長，清華同學會會長等職，鴻裁碩畫，沉毅明允，有聲於時，遇下未嘗疾言厲色，而所屬咸加仰戴，品德之崇高，概可想見，民廿六，中日戰禍爆發，京滬淪陷，奸權當道，烈士憤叛逆之附敵，祕密參加地下工作，誓以鋤奸爲己任，民廿九年七月九日，謀洩被逮，逆方威逼利誘，冀爲己用，輒遭峻拒，據當時親屬設法營救者談，汪逆曾許有電政司一席，欲彼担任，能則可無條件投降，當遭三才先生嚴詞拒絕，最後祇須具悔過書一紙，即可開釋，陳烈士云「吾無過，何悔之有，能放則放，惟以無條件爲原則，汪逆羞怒之下即令槍決，當於仝年十月二日遇難於甯之雨花臺，臨終不撓，從容就義，嗚呼，時年三十有九耳，咸屬爲之安葬於上海靜安公墓，遺一子曰[illegible]倫，僅髫齡，孟子曰，富貴不能淫，威武不能屈，陳烈士可以當之無愧矣。（本報徵求陳烈士生前事略，稿投編輯部）。

1946年9月20日，昆山《旦报》载《陈三才传》（局部放大图）

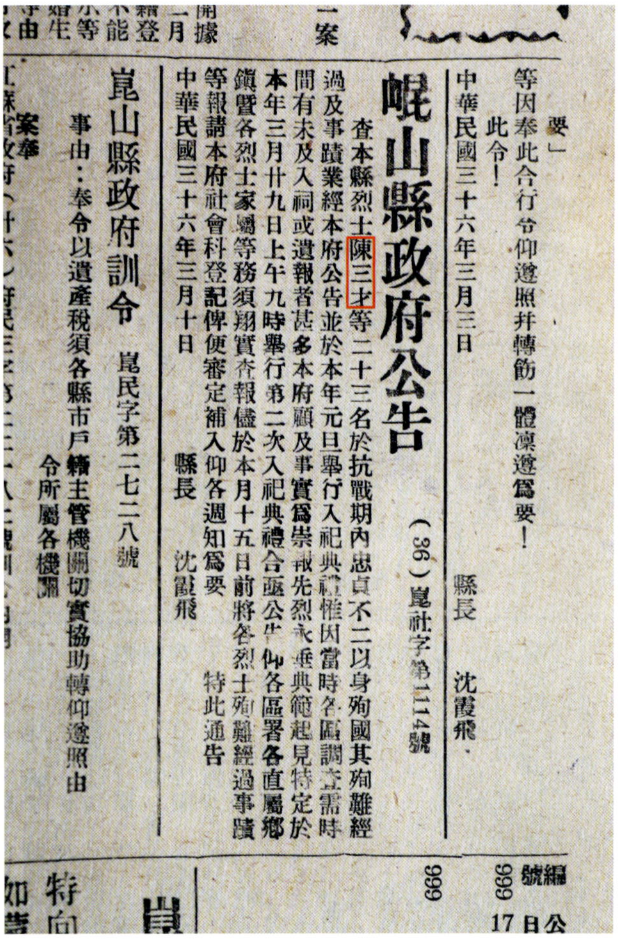

要」
等因奉此合行令仰遵照并轉飭一體凜遵爲要！
此令！
中華民國三十六年三月三日　縣長　沈霞飛

崐山縣政府公告

（36）崑社字第1114號

查本縣烈士陳三才等二十三名於抗戰期內忠貞不二以身殉國其殉難經過及事蹟業經本府公告並於本年元旦舉行入祀典禮惟因當時各區調查需時間有未及入祠或遺報者甚多本府顧及事實爲崇報先烈永垂典範起見特定於本年三月廿九日上午九時舉行第二次入祀典禮合亟公告仰各區署各直屬鄉鎮暨各烈士家屬等務須翔實査報儘於本月十五日前將各烈士殉難經過事蹟等報請本府社會科登記俾便審定補入仰各週知爲要　特此通告

中華民國三十六年三月十日　縣長　沈霞飛

崑山縣政府訓令

崑民字第二七二八號

事由：奉令以遺產稅須各縣市戶籍主管機關切實協助轉仰遵照由

令所屬各機關

案奉

1947年3月10日，昆山《旦报》发布昆山县政府公告，述及陈三才等烈士入祀典礼消息

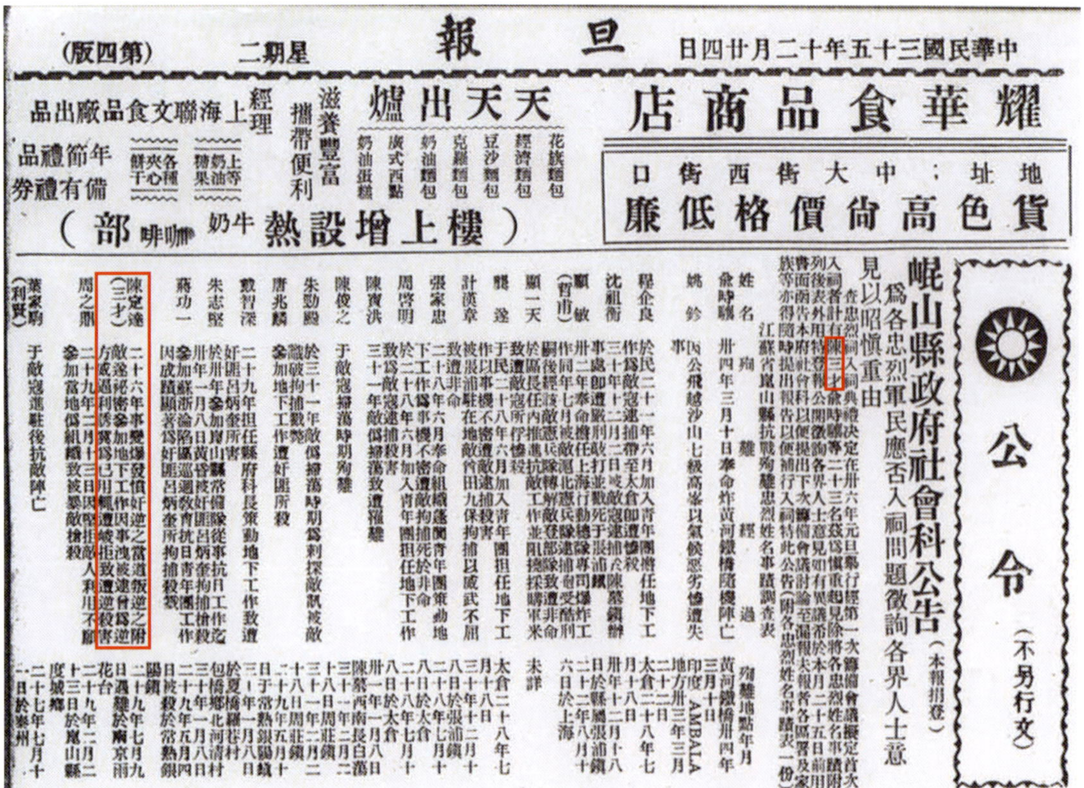

中華民國三十五年十二月廿四日　旦報　星期二　（第四版）

公令（不另行文）

崐山縣政府社會科公告（本報捐登）

爲各忠烈軍民應否入祠問題徵詢各界人士意見以昭慎重由

查忠烈祠入祠典禮決定在卅六年元旦舉行經第一次籌備會議擬定首次入祠者計有陳三才佘時驥等二十三名茲爲慎重起見除將各忠烈姓名事蹟附列後表外用特登報公開徵詢各界人士意見如有異議希於本月二十五日前用書面函告本府社會科以便提出下次籌備會議討論至漏報未報者各區署及家族等亦得隨時提出報告以便補行入祠特此公告（附各忠烈姓名事蹟表一份）

江蘇省崑山縣抗戰殉難忠烈姓名事蹟調查表

姓名	殉難經過	殉難地點年月
佘時驥	卅四年三月十日奉命炸黃河鐵橋陣亡	黃河鐵橋卅四年三月十日
姚鈐	因公飛越沙山七級高峯以氣候惡劣慘遭失事	印度AMBALA地方卅三年三月二十二日
程企良	於民二十一年六月加入青年團擔任地下工作爲敵寇逮捕帶至太倉即遭慘殺	太倉二十八年七月十八日
沈祖衡	三十年十二月二日被敵寇逮捕於陳墓鎮辦事處即遭嚴刑敲打並斃死于張浦鎮	卅年十二月十八日於縣屬張浦鎮
顧敏（哲甫）	卅二年奉命擔任上海行動總隊專司爆炸工作同年七月被敵憲兵隊逮捕迭受酷刑嗣後經該敵憲兵隊轉解敵登部隊致遭非命	二十二年八月十六日於上海
顧一天	於區長任內推進抗敵工作並阻撓採購軍米致遭敵寇所忤慘殺	未詳
龔逵	于民二十八年六月加入青年團擔任地下工作以事機不密遭敵逮捕殺害	太倉二十八年七月十八日
計漢章	被張浦駐在地敵偽田九保拘捕以威武不屈致遭非命	三十年十二月十八日於張浦鎮
張家忠	二十八年六月奉命組織逸園青年團策動地下工作爲事機不密遭敵拘捕死於非命	二十八年七月十八日於太倉
周啓明	於二十八年六月加入青年團擔任地下工作致爲敵寇逮捕殺害	二十八年七月十八日於太倉
陳寶洪	三十一年敵偽掃蕩致遭罹難	卅一年一月八日陳墓西南長白蕩
陳俊之	于敵寇掃蕩時期殉難	三十一年二月二十八日周莊鎮
朱勤毅	於三十一年敵偽掃蕩時期爲利探敵訊被敵識破拘捕斃	三十一年二月二十八日周莊鎮
唐兆麟	參加地下工作遭奸匪所殺	二十九年五月十日于常熟銀陽鎮
戴智深	二十九年担任縣府科長策動地下工作致遭奸匪呂炳奎所害	三十年一月八日於夏橋羅巷村
朱志堅	於卅年參加崑山縣常備隊從事抗日工作迄卅年一月八日黃昏被奸匪呂炳奎拘捕槍殺	包橋鄉北河清村三十年一月八日
蔣功一	參加蘇浙淪陷區遊擊教育抗日青年團工作因成績顯著爲奸匪呂炳奎所拘捕殺戮	二十九年五月四日被殺於常熟陽鎮
陳定逢（三才）	二十六年事變爆發憤奸逆之當道叛逆之附敵遂秘密參加地下工作因事洩被逮曾爲逆方威逼利誘冀爲已用氣遭峻拒致遭逆殺害	二十九年七月九日遇難於南京雨花台
周之鼎	二十九年二月十三日因拒敵人利用不屈參加當地偽組織致被擊敵槍殺	二十九年二月二十三日於崑山縣度城鄉
葉家駒（利貫）	于敵寇進駐後抗敵陣亡	二十七年七月十二日於泰州

1946年12月20日、24日，昆山《旦报》发布昆山县政府社会科忠烈入祠公告

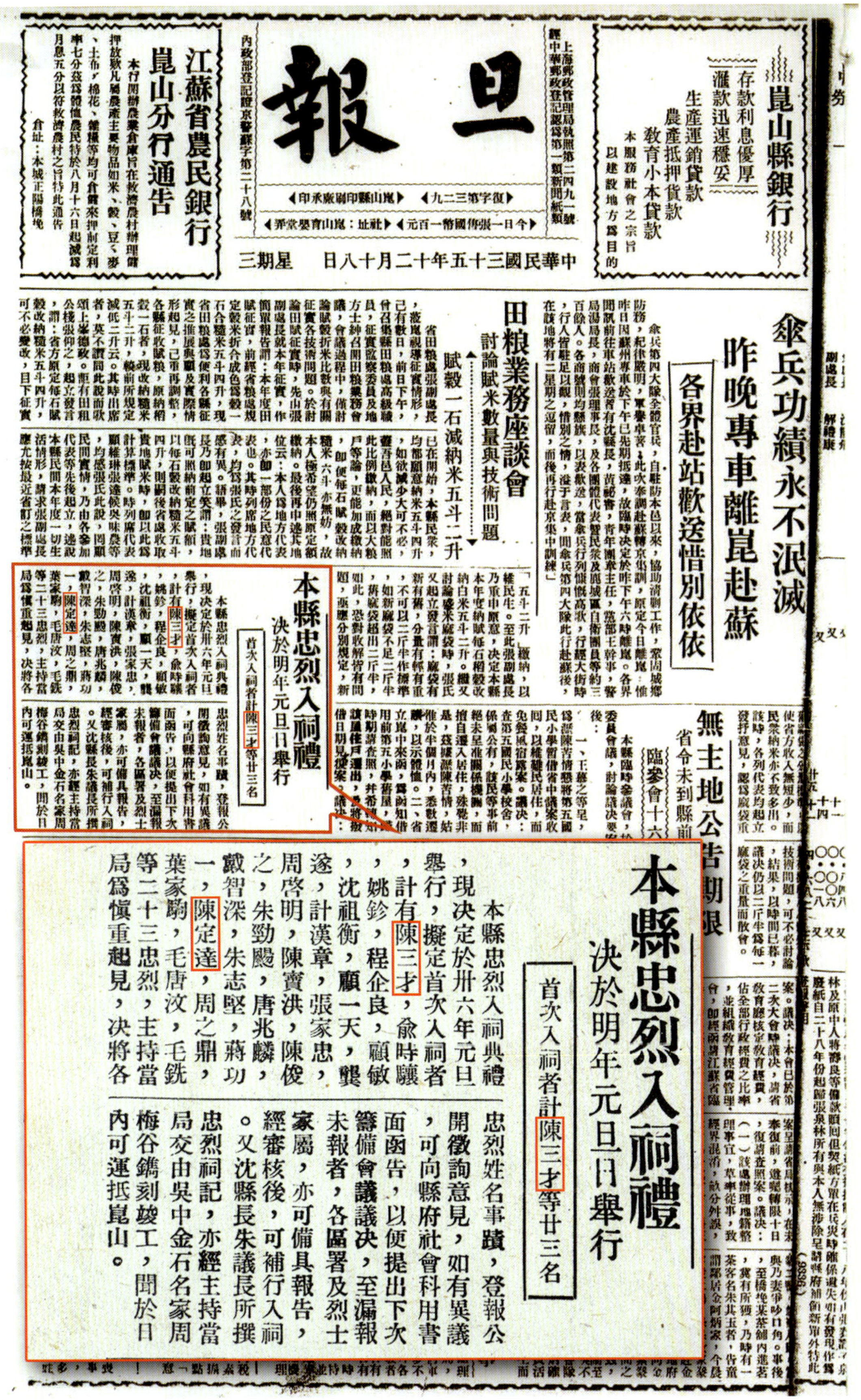

旦報

中華民國三十五年十二月十八日 星期三

崑山縣銀行

江蘇省農民銀行崑山分行通告

傘兵功績永不泯滅 昨晚專車離崑赴蘇 各界赴站歡送惜別依依

田糧業務座談會 討論賦米數量與技術問題 賦穀一石減納米五斗二升

無主地公告期限

本縣忠烈入祠禮

決於明年元旦日舉行

首次入祠者計陳三才等廿三名

本縣忠烈入祠典禮，現決定於卅六年元旦舉行，擬定首次入祠者，計有陳三才，俞時驤，姚鈐，程企良，顧敏，沈祖衡，顧一天，龔遂，計漢章，張家忠，周啓明，陳賓洪，陳俊之，朱勁颺，唐兆麟，戴智深，朱志堅，蔣功一，陳定達，周之鼎，葉家駒，毛唐汶，毛銑等二十三忠烈，主持當局爲愼重起見，決將各忠烈姓名事蹟，登報公開徵詢意見，如有異議，可向縣府社會科用書面函告，以便提出下次籌備會議議決，至漏報未報者，各區署及烈士家屬，亦可備具報告，經審核後，可補行入祠。又沈縣長朱議長所撰忠烈祠記，亦經主持當局交由吳中金石名家周梅谷鐫刻竣工，聞於日內可運抵崑山。

1946年12月18日，昆山《旦报》刊发忠烈入祠礼消息

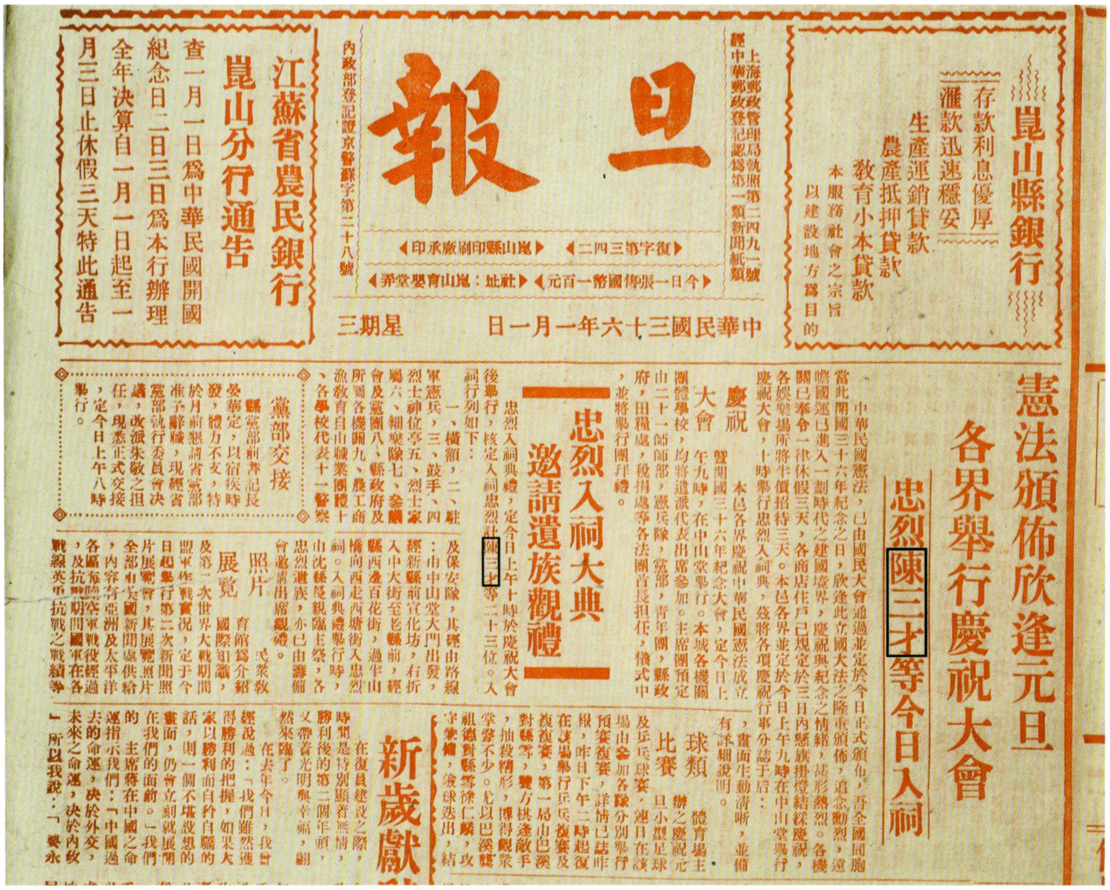

崑山縣銀行

存款利息優厚
滙款迅速穩妥
生產運銷貸款
農產抵押貸款
教育小本貸款

本服務社會之宗旨 以建設地方爲目的

旦報

上海郵政管理局執照第二四九一號 中華郵政登記認爲第一類新聞紙類

內政部登記證京警蘇字第二十八號

◀復字第三第四二▶ ◀崑山縣印刷廠承印▶

◀今日一張 每份國幣一百元▶ ◀社址：崑山育嬰堂弄▶

中華民國三十六年一月一日 星期三

江蘇省農民銀行崑山分行通告

查一月一日爲中華民國開國紀念日二日三日爲本行辦理全年決算自一月一日起至一月三日止休假三天特此通告

憲法頒佈欣逢元旦 各界舉行慶祝大會

忠烈陳三才等今日入祠

忠烈入祠大典 邀請遺族觀禮

黨部交接

照片展覽

新歲獻

1947年1月1日，昆山《旦报》刊发忠烈陈三才等入祠消息

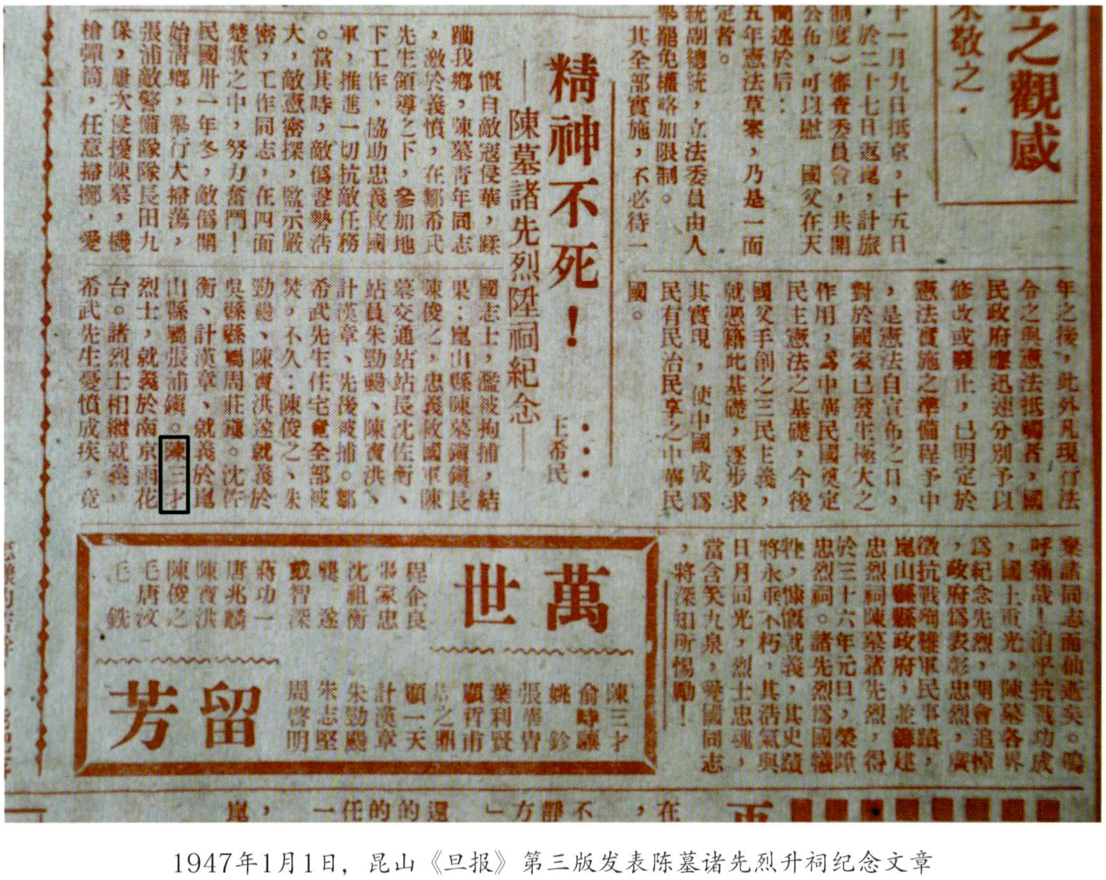

精神不死！

——陳墓諸先烈陞祠紀念——

王希民

萬世留芳

陳三才 俞時謙 姚鈐 張漢青 葉利賢 顧晉甫 屈之卿 顧一天 計漢章 朱勁嶽 朱志堅 周啓明

程金良 張家忠 沈祖衡 韓遂 戴智深 蔣功一 唐兆麟 陳寶洪 陳俊之 毛唐汝 毛銑

1947年1月1日，昆山《旦报》第三版发表陈墓诸先烈升祠纪念文章

1947年，陈墓镇各界人士集资在南玟堂小学操场上建立陈三才烈士纪念塔

紀念烈士陳三才
陳墓各界籌建紀念塔

【陳墓通訊】本鎮烈士陳三才，於敵僞時，爲汪逆所刼，遇難於南京雨花台，頃本鎮爲紀念烈士忠魂起見，特由吳崑兩鎮人士商討籌建紀念塔，並於本月十二日在陳墓小學組織募建陳烈士三才先生紀念塔委員會，由崑陳校朱校長爲主席，席上對籌募經費辦法及紀念塔落成，討論甚詳。

自衛北六鄉
勸募防衛費

1946年11月16日，昆山《旦报》发表陈墓筹建陈三才纪念塔消息

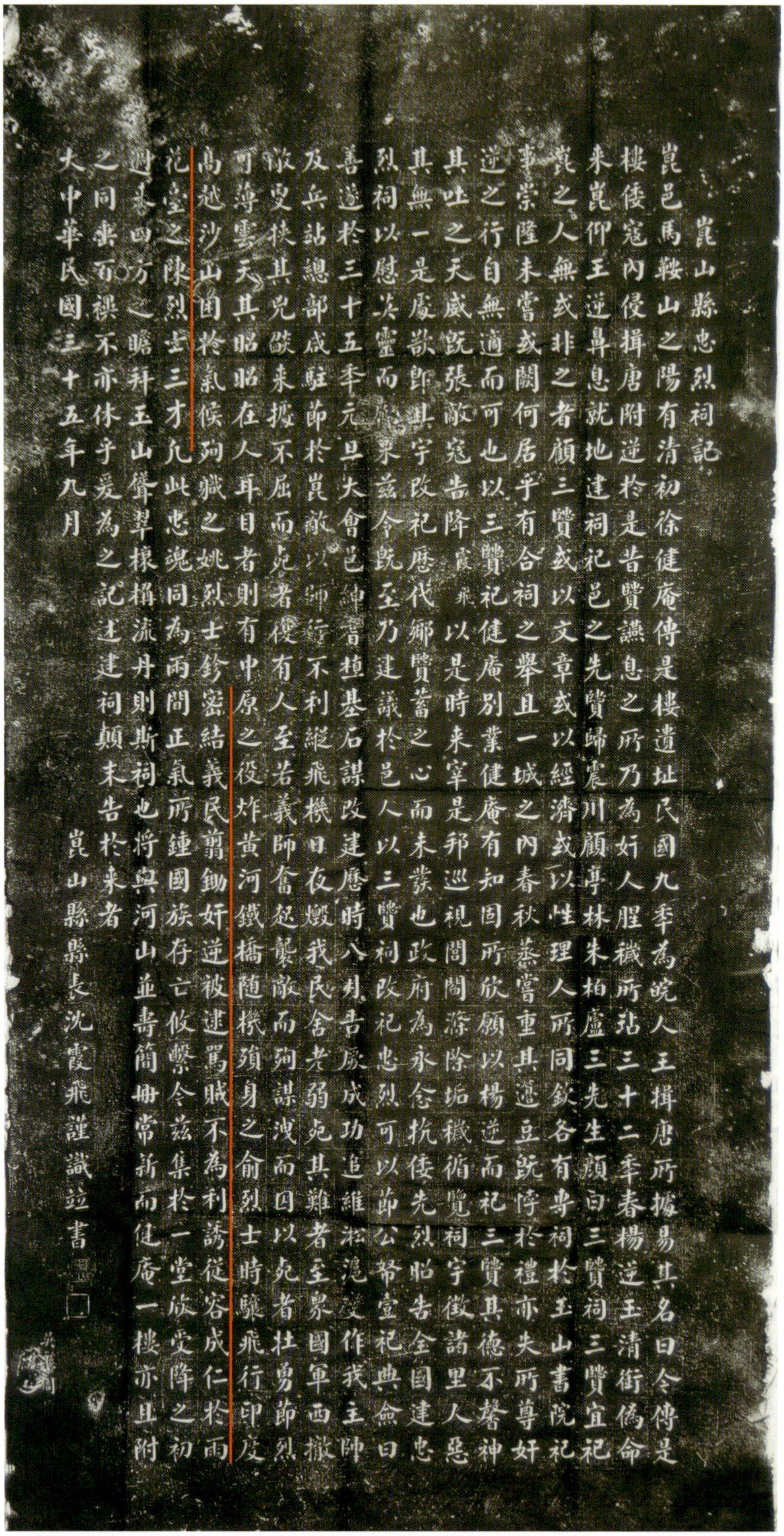

崑山縣忠烈祠記

崑邑馬鞍山之陽有清初徐健庵傳是樓遺址民國九季為皖人王揖唐所據易其名曰令傳是
樓倭寇內侵揖唐附逆於是昔賢讌息之所乃為奸人腥穢所玷三十二季春楊逆王清衘僞命
來崑仰王逆鼻息就地建祠祀邑之先賢歸震川顧亭林朱柏廬三先生顏曰三賢祠三賢宜祀
崑之人無或非之者顧三賢或以文章或以經濟或以性理人所同欽各有專祠於玉山書院祀
事崇隆未嘗或闕何居乎有合祠之舉且一城之內春秋蒸嘗重其籩豆既悖於禮亦失所尊奸
逆之行自無適而可也以三賢祀健庵別業健庵有知固所欣願以楊逆而祀三賢其德不馨神
其吐之天威既張敵寇告降 霞飛 以是時来宰是邦巡視閭閻滌除垢穢循覽祠宇徵諸里人悉
其無一是處歆郎其宇改祀歷代鄉賢蓄之心而未發也政府為永念抗倭先烈昭告全國建忠
烈祠以慰忠靈而[illegible]来茲令既至乃建議於邑人以三賢祠改祀忠烈可以節公帑宣祀典僉曰
善遂於三十五季元旦大會邑紳耆擇基石謀改建歷時八月告厥成功追維淞滬變作我主帥
及兵站總部咸駐節於崑敵以[illegible]不利縱飛機日夜燬我民舍老弱死其難者至衆國軍西撤
徵曼挾其兇燄来撫不屈而死者復有人至若義師奮起襲敵而殉謀洩而囚以死者壯勇節烈
可薄雲天其昭昭在人耳目者則有中原之役炸黃河鐵橋隨機殞身之俞烈士時驤飛行印度
高越沙山困於氣候殉職之姚烈士鈐密結義民翦鋤奸逆被逮罵賊不為利誘從容成仁於雨
花臺之陳烈士三才凡此忠魂同為兩間正氣所鍾國族存亡攸繫令茲集於一堂旌受降之初
週善四方之瞻拜玉山聳翠椽楫流丹則斯祠也將與河山並壽簡冊常新而健庵一樓亦且附
之同垂不朽不亦休乎爰為之記述建祠顛末告於来者
大中華民國三十五年九月 崑山縣縣長沈霞飛謹識並書

《昆山县忠烈祠记》碑文中述及陈三才

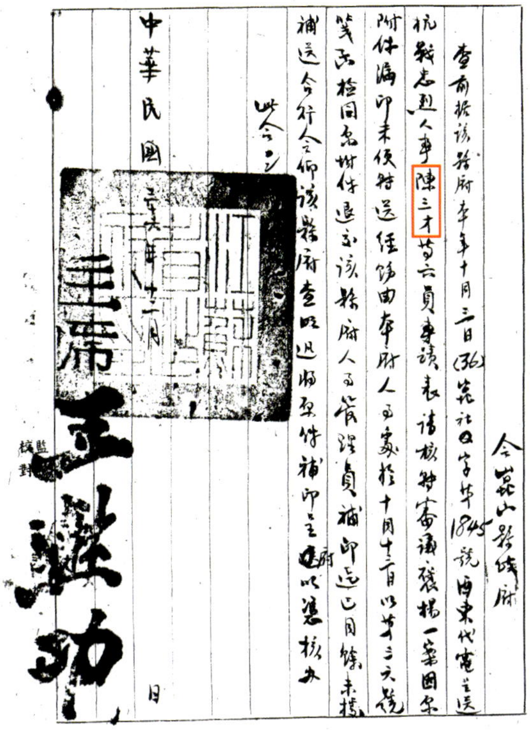
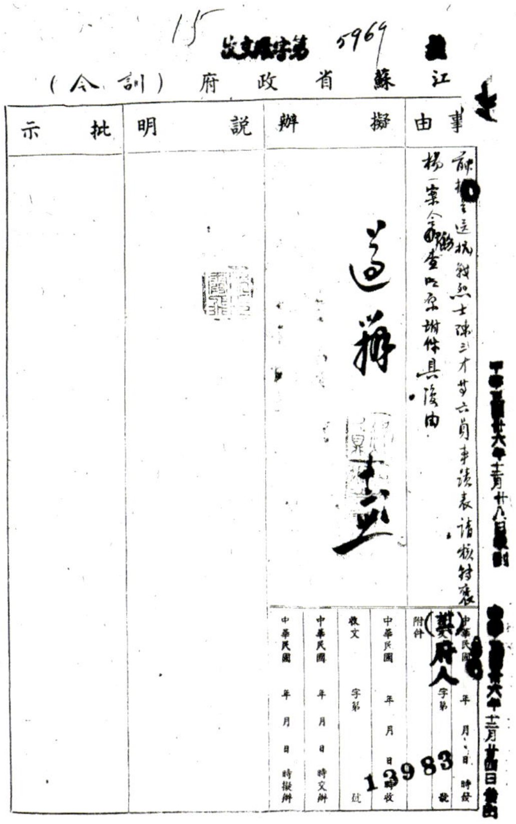
江蘇省政府（訓令）

事由 擬辦 說明 批示

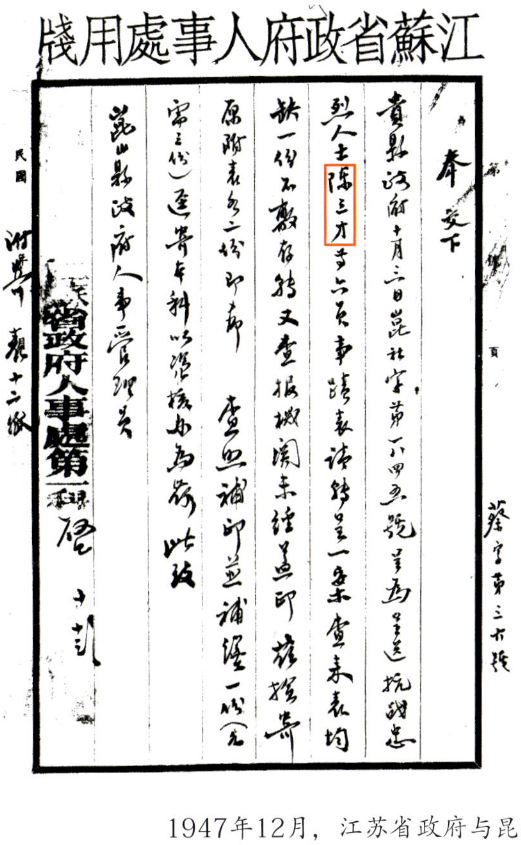
江蘇省政府人事處用箋

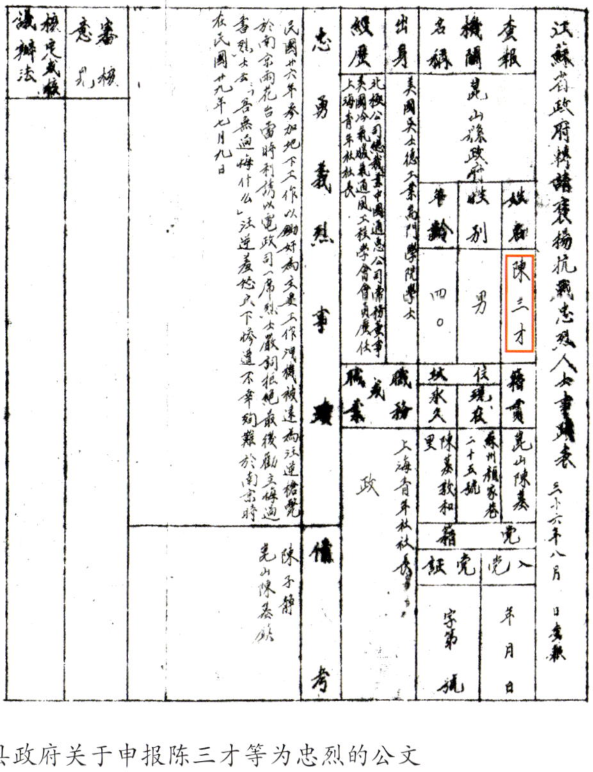
江蘇省政府轉請褒揚抗戰忠烈人士事蹟表

姓名 陳三才 性別 男 年齡 四〇 籍貫 崑山

1947年12月，江苏省政府与昆山县政府关于申报陈三才等为忠烈的公文

爲國捨身的陳故同學三才

1920 劉馭萬

三才是那一年生，那一年死，我都記不得了。他有弟兄幾人，姊妹幾人，我也不淸楚，連他的父母名字我都不知道，也從來沒有問過他。可是他的性情，他的體質，他的修養，他的事業，他的人格，他的遭遇，以及他最後的爲國捨身，我是記得清楚的。他這個人—整個的人，我是永遠不會忘記的，他已去世廿多年了。我常常覺得這樣的好人「叫我如何不想他」！

我是民國六年考入清華的。我一進西直門外的「水木清華」，就認識了三才這孩子。那時候清華不是國立大學，僅僅是準備留美的一個預科。它的名稱是清華學校，有人稱呼它「清華學堂」，西直門到海甸一帶的洋車夫和趕驢子的人，只管它叫「清華園」。

清華那時候分兩科：中等科的學生由各省保送，以十四歲爲限，高等科的學生由北平上海兩處招考。投考學生，年齡不得過十八歲。三才是由中等科讀起的，我是考進高等科二年級的。我們在清華園見面的時候，我已是快到二十歲的人了(我瞞報少兩歲)，他還不到十七歲。三才是一個絕頂聰明的孩子，無論什麼功課都比我好。我一進清華就有兩件「成就」他很看得起：開學兩星期後我就選入足球隊了；那一年清華專學時髦，不惜重資組織了一個軍樂隊，我在武昌文華中學軍樂隊已經吹過三年喇叭，「吹」得相當好，當然馬上又獲邀加入了軍樂隊。三才足球隊未入選；軍樂隊勉强擠進去了。他跟我都是最愛音樂和運動的，我們在清華比較認識得快，也就是因爲這個緣故。

在學校裏面，三才是最活潑的一個學生，會打球，會奏樂，會表演，會做戲，有說有笑，整天不停。可是直到了一年後，升三年級時，我才發現他的功課也是高出大衆一頭。不僅文字好，算學好，就是在物理或化學試驗，或是機械畫，手工勞作，他除非不做，一做總是得心應手，毫不費力。我們一班只有六七十人，比他功課好的只有兩三個老夫子，比他運動好的只有六七個人。這六七人當中，大都是功課不太高明的。所以眞正文武全能的，三才恐怕要算第一。

到美國讀書，三才是在 Worcester Inst. of Technology 專習電氣工程的。他遠遊異邦，毫不覺得有什麼困難，如同在清華一樣，都是一帆風順。工業的學士和碩士學位，他都是按時獲得。工學會，電工學會，科學會，他在四年內都先後被選加入。他的錶鍊上，總是掛滿了各種學術團體的榮譽鑰匙。在運動方面，他比在國內還要進步。他是 Worcester Tech. 網球隊隊員和足球隊隊長。我們中國人在 Worcester Tech. 讀書的並不多。但是差不多個個都很出色。梅貽琦先生回國後做了清華校長，以後出長教育部。薩本棟做了廈門大學校長，後來又做過中央研究院總幹事。薩本鐵還在美國當教授，他在生物化學界是鼎鼎大名的。三才若不是死得太早，他在工業建設上一定也會有同樣的成就；他死雖然太早，但就是這個早死也應當算作一件很偉大的成就，值得大書而特書。可惜他不幸夭亡的時候，抗戰剛剛勝利不幾天，戴雨農也與世長辭了，不然我深信戴雨農不會讓他死得這樣沉默，甚至於可以說，死得這樣不明不白！

三才是專學電機的，他對於電氣冷藏特別有興趣。在上海開了一家北極冰箱公司，專賣美國出品 Frigidaire。在抗戰前醉生夢死的上海，一般闊人都是爭先恐後地買冰箱，所以三才的收入是毫不成問題的。但很少人知道，他在華貴生活裏亂混之時，始終沒有忘記他對於國家建設的義務。一方面對於社會福國利民各種事業，他總是「當仁不讓」。只要是爲公，他從不推卸。不管是學校，是醫院，或是男女童子軍，或是少年

— 10 —

1964年台湾新竹清华大学《清华校友通讯》上发表刘驭万题为《为国舍身的陈故同学三才》的纪念文章

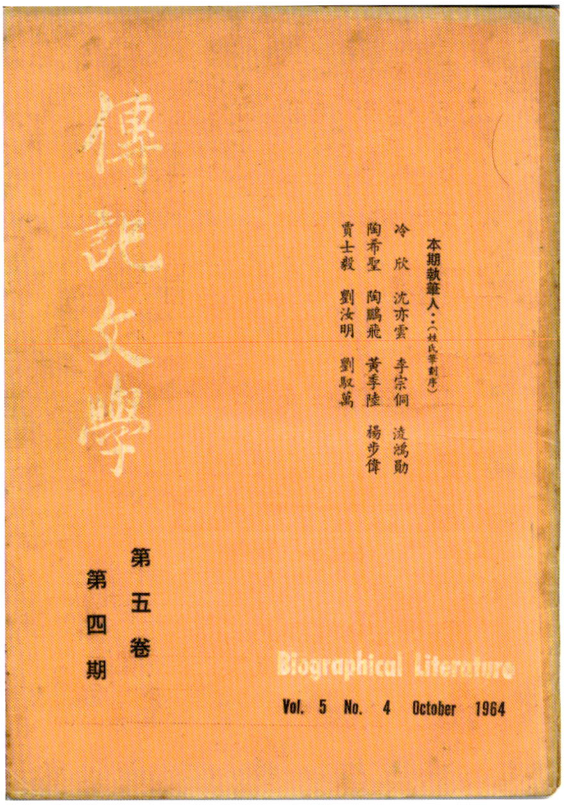

1964年台湾《传记文学》第五卷第四期刊载刘驭万的纪念文章《为国舍身的陈故同学三才》

陈三才挚友刘驭万

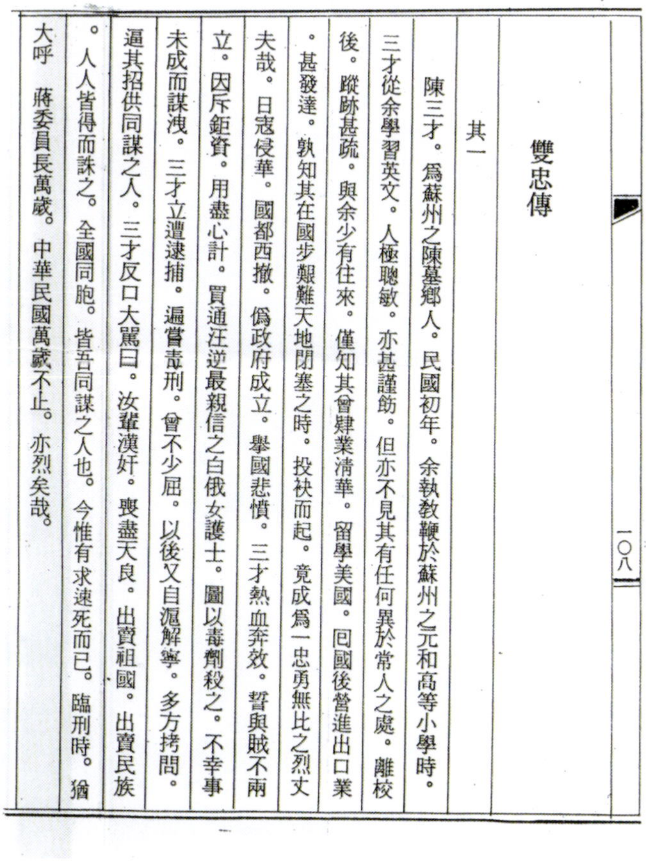

雙忠傳

其一

陳三才。爲蘇州之陳墓鄉人。民國初年。余執教鞭於蘇州之元和高等小學時。三才從余學習英文。人極聰敏。亦甚謹飭。但亦不見其有任何異於常人之處。離校後。蹤跡甚疏。與余少有往來。僅知其曾肄業清華。留學美國。回國後營進出口業。甚發達。孰知其在國步艱難天地閉塞之時。投袂而起。竟成爲一忠勇無比之烈丈夫哉。日寇侵華。國都西撤。僞政府成立。舉國悲憤。三才熱血奔效。誓與賊不兩立。因斥鉅資。用盡心計。買通汪逆最親信之白俄女護士。圖以毒劑殺之。不幸事未成而謀洩。三才立遭逮捕。遍嘗毒刑。曾不少屈。以後又自滬解寧。多方拷問。逼其招供同謀之人。三才反口大罵曰。汝輩漢奸。喪盡天良。出賣祖國。出賣民族。人人皆得而誅之。全國同胞。皆吾同謀之人也。今惟有求速死而已。臨刑時。猶大呼 蔣委員長萬歲。中華民國萬歲不止。亦烈矣哉。

一〇八

陈三才当年的老师陈霆锐1968年著《浩然堂集》《双忠传》表彰陈三才

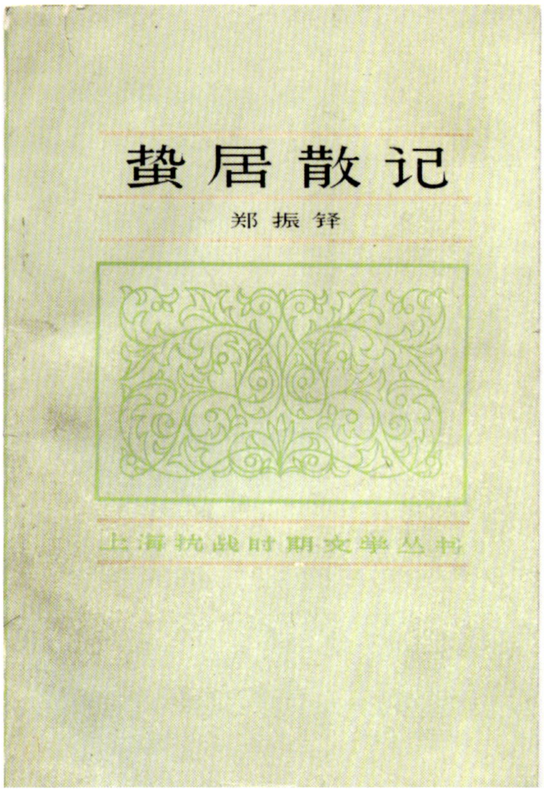

1982年12月，福建人民出版社出版郑振铎著《蛰居散记》内有文《记陈三才》

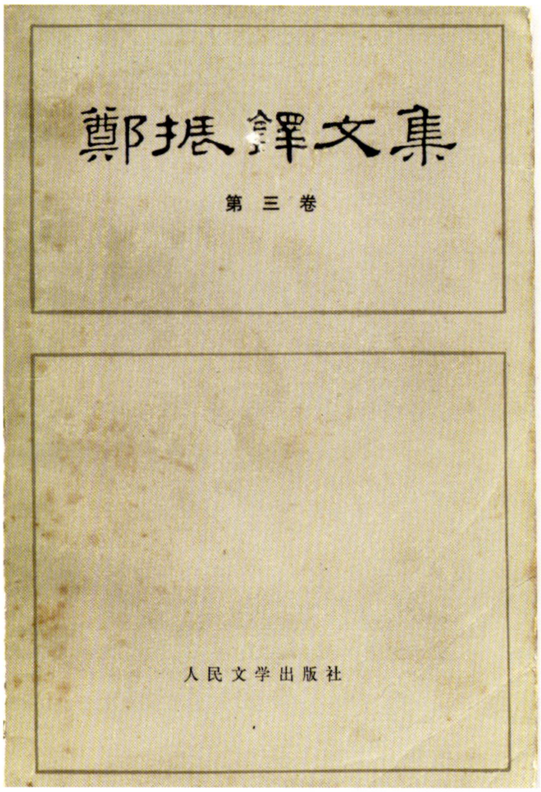

1983年9月，人民文学出版社出版的《郑振铎文集》第三卷收入《蛰居散记——记陈三才》

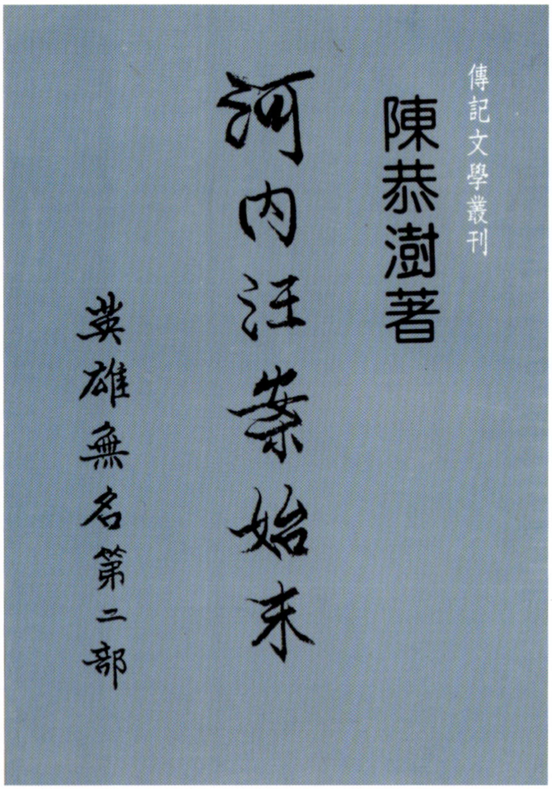

1983年台湾版“传纪文学丛刊”《河内汪案始末》载陈三才刺汪事迹

1988年档案出版社出版少石编《河内血案：行刺汪精卫始末》，叙述陈三才刺汪经过

清华园风物志

（连载） 校史编研组

十三、二〇级日晷

位于礼堂前大草坪南端花木丛中的古典计时器——日晷，是1920级学生毕业时，献给母校的礼品。上部是日晷的造型，下部底座分别镌刻着1920级的铭言："行胜于言"的中文及其拉丁译文，以及建造年月日。

日晷是我国古代简单的计时器，它的功用是利用太阳光对于一个倾斜的指针所产生的阴影的位置来表示时间，一般都是把一个不锈金属制的指针装在一个石刻的圆盘的中心，再将圆盘装在一个平台上，南高北低，使指针的上端正指北极，下端正指南极，圆盘的上下两面各刻上"子丑寅卯…"等十二时辰。当太阳正中的时候，针的影恰投在正北的方向，也就是午时。每年春分以后，看圆盘上面的影；秋分以后，看下面的影。

1920级是清华学校时期优秀的毕业级之一。著名的经济学教授陈岱孙（曾长期担任清华大学法学院长）、化学家曾昭抡、陈可忠、萨本铁、赵学海，植物学家张景钺、政治学家萧公权等，都出在这个年级。该级级友陈三才，为优秀爱国志士，抗日战争期间（1940年），因谋杀叛逆汪精卫未成而陷身敌手，备受酷刑后被汪逆党羽于该年12月2日惨杀于南京雨花台。

十四王国维纪念碑

在第一教室楼北端后山之麓，有一座庄严肃穆的纪念碑，正面端书"海宁王静安先生纪念碑"，这是为纪念我国清末民初大学者王国维先生而建。

王国维（1877—1927），字静安，号观堂，浙江海宁人。十六岁应海宁州试，补"博士弟子员"，二十六岁治哲学，后转文学，晚期专治卜辞（甲骨文）名驰中外。他对宋元戏曲史和卜辞的研究成果，被称为"空前绝业"。生平著书洋洋大观，有《海宁王静安先生遗书》共104卷（四十八册）行世。

王国维是历史上常有的那种富具戏剧性的矛盾人物之一。他在清王朝已被推翻的情况下，却在罗振玉的怂恿下，出任清废帝溥仪的"南书房行走"；但身"五品朝官"，死后却是两袖清风。为遗书有云："我无财产分文遗汝等，然苟谨慎勤俭，亦必不至饿死也"。…

1925年，王国维来校出任国学研究院导师，与梁启超、陈寅恪、赵元任等一起，培养了整整一代国学研究家，受到全校师生的一致推崇。

1927年夏，王国维感于"世变"决定结束自己的生命，便修好遗书怀之，于6月3日，乘人力车从容地去到颐和园自沉于昆明湖。遗书有言："五十之年，只欠一死，经此世变，义无再辱…"。

1929年夏，清华国学院停办，该院师生为纪念这位杰出的学者，募款修造了这座纪念碑。碑文是陈寅恪教授所撰，语意深长，为一时之杰作。碑式为梁思成所拟，闽县林志钧书丹，鄞县马衡篆额。

1987年3月7日，《新清华》第四版"清华风物志"载陈三才事迹

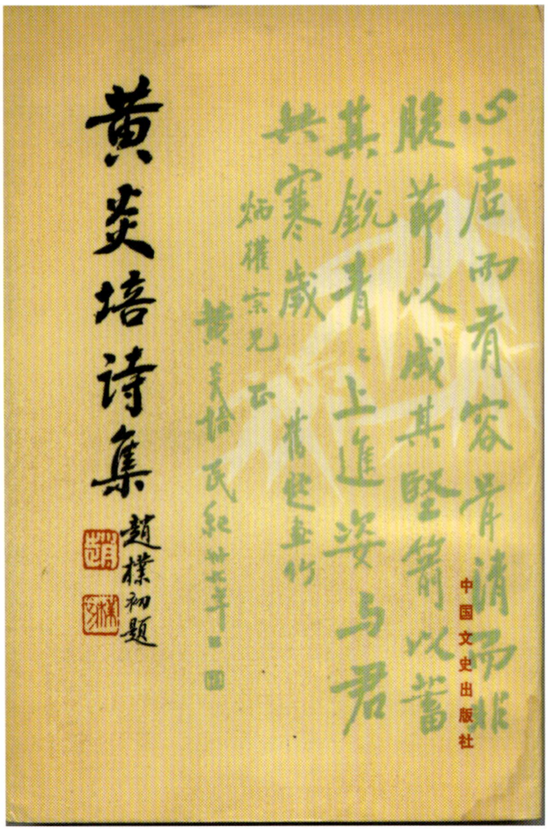

1987年6月，中国文史出版社出版的《黄炎培诗集》中收录作于1942年2月1日在重庆陈三才追悼会上朗诵的诗（右图）

陳三才　三十一年一月三十一日

三才，吳縣人，留美學電機歸，創業滬上。抗日戰作，汪兆銘降敵，三才謀狙擊之，事泄被害，歌以壯之。

書生作賊賊計滋益凶，書生殺賊殺術或未工。金風剪剪鳴秋淞，白郎林袖藏龍鍾。左手捉其腕，右手指其胸，一擊不中隳全功，壯哉三才人中龍。負笈萬里重洋通，百工有學君是宗。餘澤既及千兒童，大義咸奮冠髮衝，謹厚亦復心理同。嗚乎漢賊不兩立，敵我不兩容。請讀虜廷侃侃君親供，人憎柔靡三吳風，從此鄉恥雪闒茸。民紀廿九秋涉冬，雨花臺血翻天紅。嗚乎殺賊不成兮，君當爲鬼雄。

苞桑集　卷三　一五三

黄炎培
（1878.10—1965.12）

1989年南京雨花台烈士纪念碑建成

·笔会· 1993年3月21日 星期日 ·7· 文匯報 书林

历史上他们该有一席之地

左泥

读重版的郑振铎写上海孤岛时期、沦陷时期生活的《蛰居散记》，编者将《记陈三才》、《一个女间谍》、《惜周作人》、《记平祖仁和英茵》等四篇文章，作为"集外"附在后面，有点不解。细看郑尔康（振铎先生的儿子）写的《重印附记》，方知这几篇文章在一九五一年初版时，根本就没有收进去，这次重印，是编辑同志补选进去的。他说："父亲生前所以未加编入，是有种种原因的。但从反映历史面貌的角度看，还是有一定的作用和意义"，所以才作为"集外"补进去。

为什么这些"反映历史面貌有一定作用和意义"的文章，郑先生自己当年不给编入？这"种种原因"是什么？还是不解。

说是"不解"，其实还是有些可以意会之处的。比如《惜周作人》，这题目就值得考虑。周作人是汉奸，为虎作伥，臭名昭著，有什么可"惜"的？何况那文章中还说什么"假如我们说，五四以来的中国文学有什么成就……鲁迅先生和他（周作人）是两个撕不破的巨石重镇；没有了他们，新文学史上便要黯然失光"，说"周作人的失去，我们实在觉得十分的惋惜，十分的痛心……"。这些美化和惋惜汉奸文人的话，在那评价历史人物简单化到以"好人"、"坏人"区分的时期，是何等的不合时宜！又如《一个女间谍》中写的那位陈女士，虽然她是打进七十六号内部企图暗杀汉奸未遂而杀身成仁的爱国者；但她既用了色相手段，又以暗杀为目的，这都是要否定的，起码不值得张扬——即使是为了国家民族。当年郑先生不将这两篇文章收进去，说得过去。而还有另外的两篇，则令人百思不得其解了。

《记陈三才》中的陈三才，"是一个典型的美国留学生，出身于清华学校"，曾经当过公司的经理和董事。他原先是个和政治隔绝的人，后来在爱国者的影响下进行地下工作，被敌人逮捕杀害于南京雨花台，按说是个响当当的烈士。再有《记平祖仁与英茵》中的平祖仁，曾是暨南大学学生，并在该校服务，与郑先生同过事。平祖仁从事秘密抗日工作被七十六号逮捕。敌人对他进行了惨无人道的刑讯，始终未逼出一点口供，最后被杀害。平祖仁牺牲后，家中穷得无力给他殓葬，是演员英茵，借自己的名声，指募借贷给料理了后事，而英茵自己，也就在将平祖仁的一切善后事务料理好了后，服毒自杀了。

郑振铎在记述"平祖仁与英茵"的这篇文章中，还说"这一出真实的悲剧，可以写成伟大的戏曲或叙事诗的。我却只是这样潦草的画出一个糊涂的轮廓，渲染和描写的工作是有待于将来的小说家、戏剧家或诗人的……"。这里，我们且不说到今天还没有见到写平祖仁殉国、英茵为殉国的平祖仁殉情的戏、小说和诗，但我不解的是，郑先生一九五一年收编《蛰居散记》时，为什么要把记陈三才和记平祖仁这些杀身成仁的英雄烈士事迹的文章拿掉？

"无巧不成文"。最近审读《郑振铎传》，其中写传主孤岛时期"面对敌特的枪口和朋辈的鲜血"一节，写到了平祖仁与英茵的情节说："曾经在暨南大学与他（郑振铎）同事过的平祖仁，是重庆方面的地下工作人员……"作者陈福康从事郑振铎研究多年，有关传主的材料，旁征博引，考证多年。这一下他可把郑先生当年所以未将这几篇文章收进《蛰居散记》之谜解开了。原来因为平祖仁（以及陈三才、陈女士）"是重庆方面的地下工作人员"。一九五一年台湾的国民党还想反攻复国，郑先生不将这些文章收进集子，不管是出于自觉还是违心，都是可以理解、情有可原的。但仔细想想，又觉得这不是理由。一九四九年开国大典前夕，天安门人民英雄纪念碑的奠基仪式上，毛泽东同志就曾宣读过这样的碑文：

"三年以来，在人民解放战争和人民革命中牺牲的人民英雄们永垂不朽！三十年以来，在人民解放战争中和人民革命中牺牲的人民英雄们永垂不朽！由此上溯到一千八百四十年，从那时起，为了反对内外敌人，争取民族独立和人民自由幸福，在历次斗争中牺牲的人民英雄永垂不朽！"平祖仁也好，陈三才也好，包括那位女间谍陈女士，无论怎么说，他们总属于这第三类中过得硬的永垂不朽的人民英雄吧？郑先生是参加了那天的人民英雄纪念碑奠基仪式，亲聆毛主席宣读这碑

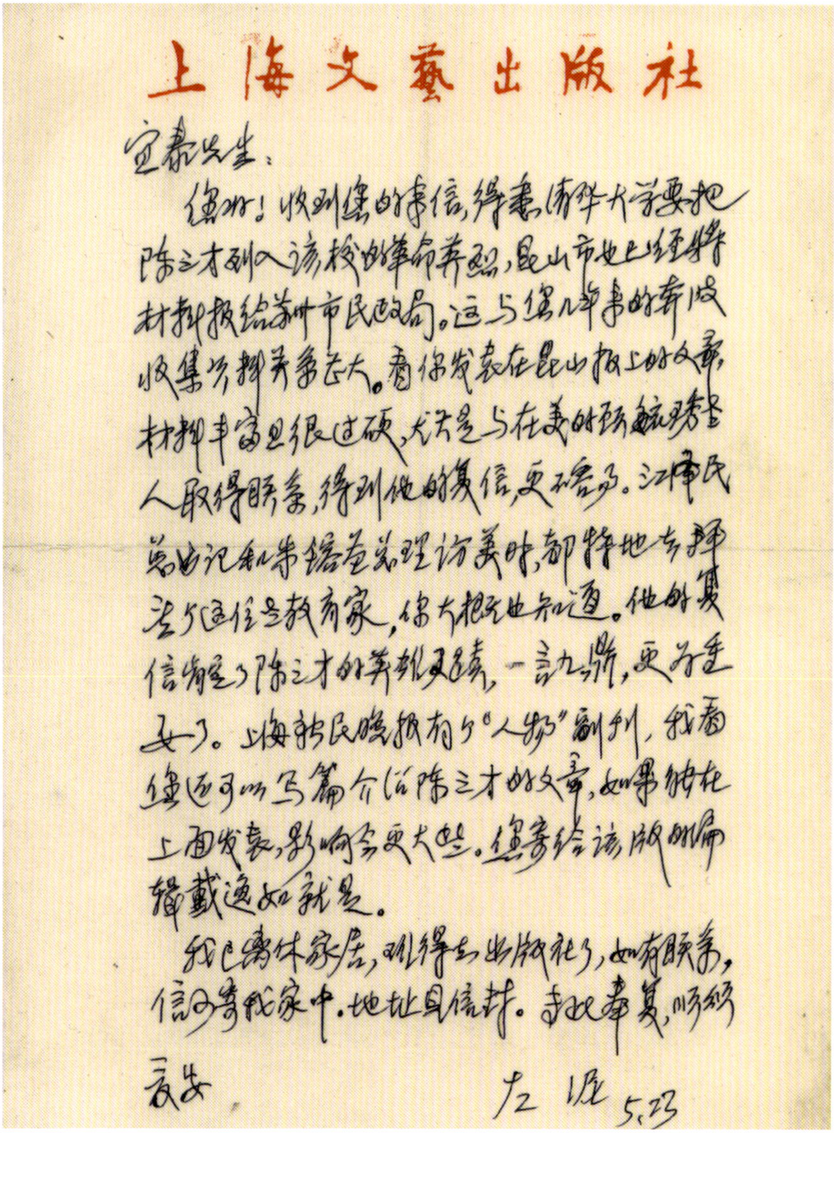

上海文藝出版社

宜泰先生：

您好！收到您的来信，得悉清华大学要把陈三才列入该校的革命英烈，昆山市也上报材料报给苏州市民政局。这与您几年来的奔波收集材料关系甚大。看你发表在昆山报上的文章，材料丰富且很过硬，尤其是与在美的顾毓琇老人取得联系，得到他的复信，更不容易了。江泽民总书记和朱镕基总理访美时，都特地去拜望了这位老教育家，你大概也知道。他的复信肯定了陈三才的英雄业绩，一言九鼎，更为重要了。上海新民晚报有个"人物"副刊，我看您还可以写篇介绍陈三才的文章，如果能在上面发表，影响会更大些。您寄给该版的编辑戴逸如就是。

我已离休家居，难得去出版社了，如有联系，信可寄我家中。地址见信封。专此奉复，顺颂

夜安

左泥 5.23

1993年3月21日，上海《文汇报》载文《历史上他们该有一席之地》。上海文艺出版社资深编辑左泥先生给本书编者复信

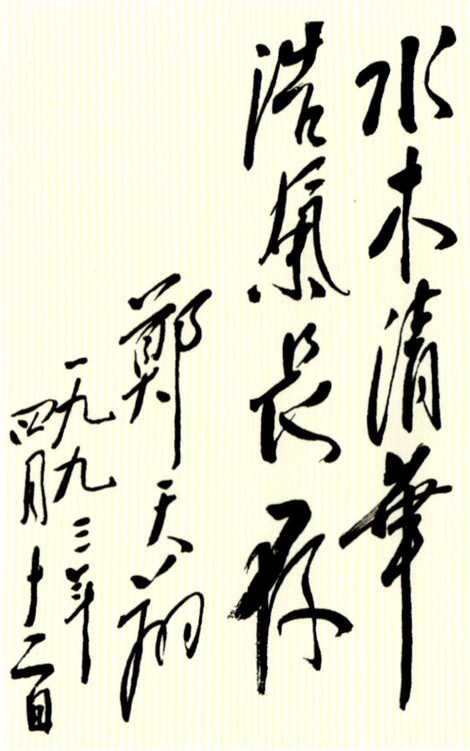

1993年4月，清华老学长郑天翔为清华英烈题词

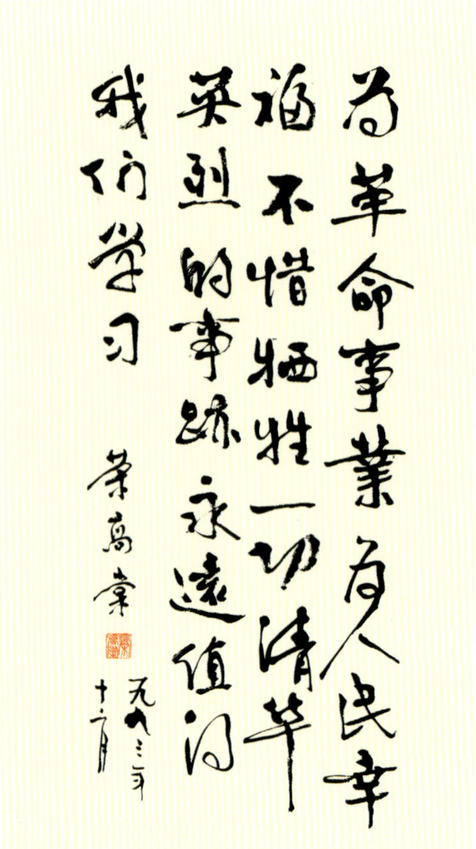

1993年4月，清华老学长荣高棠为清华英烈题词

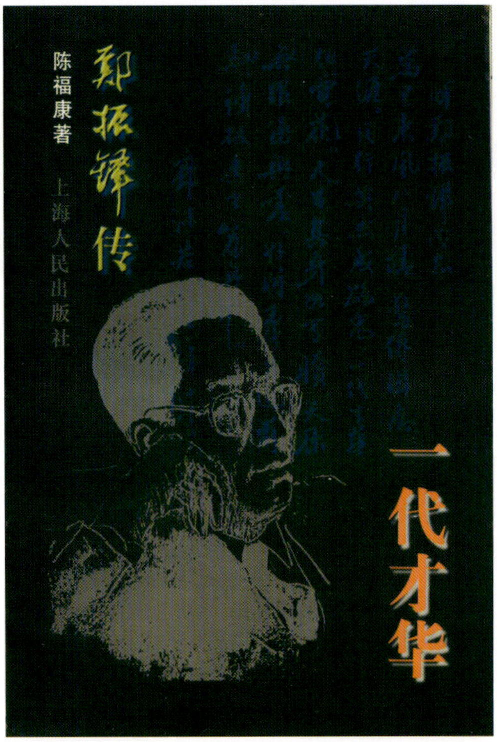

1996年11月，上海人民出版社出版陈福康著《一代才华：郑振铎传》叙述陈三才烈士事迹

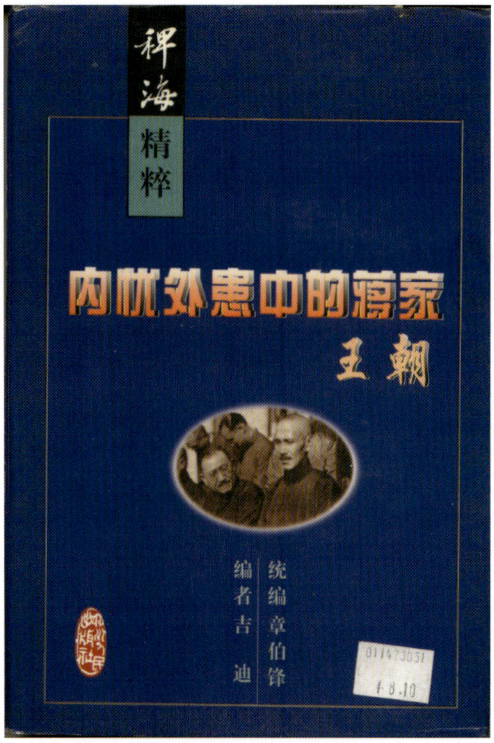

1999年4月，四川人民出版社出版的《内忧外患中的蒋家王朝》收入罗君强文《汪精卫杀死三刺客》

昆山市民政局：

我校2001年将建校90周年，拟对我校烈士纪念碑上的名录作增补修订，经查我校校友陈惠达系贵市人，1940年12月因计划谋杀大叛奸汪精卫未成而被捕遇害于南京雨花台。其事迹在贵市昆山县志中有记载，抗战胜利后，郑振铎先生曾著文纪念，现将该两件材料复印件寄与你局，请你局研究，我校鉴于将其作为革命烈士列入纪念碑名录中（我校英烈名录包括抗日战争和国内革命斗争中牺牲人员），盼你局根据有关政策和意见及当地情况，尽快给我校一个回音。

此致

敬礼。

清华大学校史研究室
1999.8.23.

邮编：100084
联系人：张思敬，田彩凤。

1999年8月23日，清华大学校史研究室给昆山市民政局的信函

昆山市民政局

清华大学校史研究室：

来信收悉。接信后我局专门派人同市党史办、民政人有关人员联系、核查，本市《烈士英名录》及《江苏省烈士选编》尚无此人，后再找寻编写《陈墓镇人名录》作者陆宜泰先生，由他提供了有关记载陈惠达事迹的一些报刊及文章，现将复印件附上寄予你们，供参考。

昆山市民政局优抚科
九九.九.三

1999年9月3日，昆山市民政局给清华大学校史研究室的复函

尊敬的顾教授：您好！

首先向您老致以千喜年问候，恭祝健康长寿！合家幸福！我是江苏昆山市人（男，1946年生）前几年因参与编写"地方史志"，"昆山当代人才录"，"陈墓镇人名录"，得以了介到我邑爱国志士陈三才先生，1920年毕业于清华学校。后赴美留学。1927年起在上海创办北极冰箱公司，兼任总经理。又历任上海联青社社长，清华同学会会长。抗日战争期间在沪因参与谋刺大汉奸汪精卫未遂。1940年7月9日被汪伪特务逮捕，同年10月2日遇害于宁雨花台。

当时郑振铎先生曾著文纪念《记陈三才》1983年人民文学出版社出版《郑振铎文集》第三卷·蛰居散记·补遗二。抗战胜利后（46年秋）在上海国际礼拜堂（今衡山路53号）举行陈三才烈士追悼会，据陈氏亲属回忆，您老当年主持了追悼会。清华大学，2001年九十周年校庆拟把陈三才烈士的名字，补刻在纪念碑上，要我们昆山地方上提供有关征词。因陈三才从小就到苏州、北京读书，后赴美留学，三十九岁就壮烈牺牲，家乡人对他的了介甚少，只能从史料中知道一点点。

陈三才先生，英年为抗日捐躯，为了弘扬中华民族爱国主义精神，歌颂先烈英雄事迹。恳请顾老能帮助提供当年陈三才烈士的情况。

万分感激！

全家幸福！

千喜年愉快！

晚辈 陆宜泰 上 陆宜泰

2000年元月18日

2000年1月18日，本书编者致函近百岁的顾毓琇先生

1999年10月，上海教育出版社出版《郑振铎：狂胪文献耗中年》中《孤岛有砥柱》一文叙述陈三才抗日锄奸

顾毓琇与夫人王婉靖

2000年，年近百岁的顾毓琇先生邮赠本书编者的千禧年贺卡

2000年，年近百岁的顾毓琇先生先后给陆宜泰的三封亲笔复函

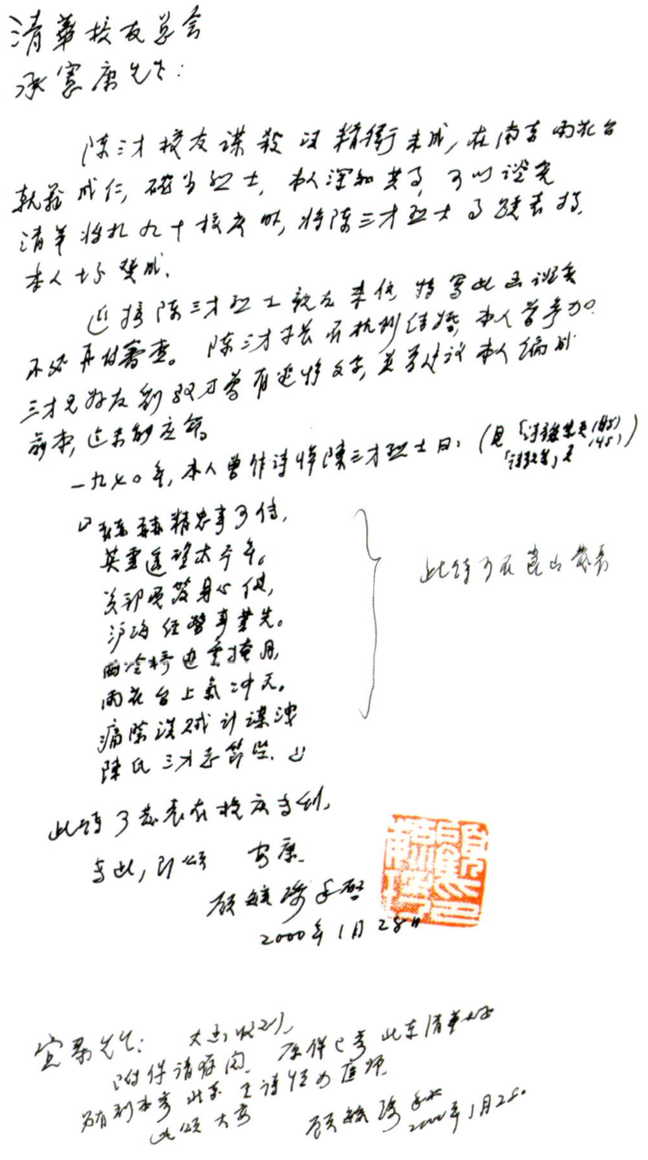
清華校友总会
承宪康先生：

专此，即颂 安康
顾毓琇手启
2000年1月28日

2000年1月28日，顾毓琇先生给清华大学校友总会承宪康会长和陆宜泰亲笔函

清华校友总会

承宪康先生[①]:

陈三才校友谋杀汪精卫未成，在南京雨花台就义成仁，确为烈士。本人深知其事，可以证实。清华将于九十校庆时，将陈三才烈士事迹表扬，本人十分赞成。

近接陈三才烈士亲友[②]来信，特写此函证实，不必再作审查。

陈三才学长在杭州结婚本人曾参加，三才兄好友刘驭万曾有追悼文字，并曾建议本人编成剧本，迄未能应命。

一九七〇年，本人曾作诗悼念陈三才烈士曰：(见诗歌集145页)

赫赫精忠事可传，
英灵遥望太平年。
美邦负笈身心健，
沪海经营事业先。
西泠桥边云掩月，
雨花台上气冲天。
痛除汉贼计谋洩，
陈氏三才志节坚。

此诗可发表在校庆专刊。

专此，即颂

安康!

顾毓琇手启
2000年1月28日

宜泰先生:

大函收到!

附件请存阅，原件已寄北京清华大学。

另有附本寄北京王诗恒女医师。

此颂

大安!

顾毓琇手启
2000年1月28日

2000年1月28日，顾毓琇先生给清华大学校友总会承宪康会长和陆宜泰亲笔函释文

① 承宪康时任清华校友总会会长。
② 此指北京王诗恒(陈三才外甥女)、昆山陆宜泰。

昆山日报

大视野

·5· 二〇〇〇年四月四日 星期二

历史不会忘记

——记刺杀叛逆汪精卫的爱国人士陈三才

□ 陆宜泰

今年是陈三才先生殉难六十周年。最近重读文汇报(1993年3月21日)左泥先生的文章《历史上他们该有一席之地》，文中提到郑振铎先生写上海孤岛时期、沦陷时期生活的《蛰记散记》，其中的《记陈三才》一文中这样说："陈三才，是一个典型的美国留学生，出身于清华学校，曾经当过公司的经理和董事。他原先是个和政治隔绝的人，后来在爱国者的影响下进行地下工作，被敌人逮捕杀害于南京雨花台，按说是个响当当的烈士。"

陈三才，名定达，号偶卿，昆山市陈墓镇(今锦溪镇)人；生于1902年8月4日。三才先生幼承家学，聪敏过人，早年肄业于苏州元和学堂。14岁(1915年)时被保送北京清华学校。当时的学制分中等科和高等科，每科各为4年，相当于中学6年，大学2年。毕业生赴美后，可进入大学三年级。中等科学生由各省招考合格后保送入学，以14岁为限。高等科学生则在北平、上海两地招考，投考学生年龄不得超过18岁。三才是由中等科一年级入学的，由江苏省保送清华。

"五四"运动时，他与同学们一起围住西直门，要求释放城内被捕的学生。巴黎和会召开时，与北平各大学的学生一起用报纸铺地睡在天安门前请愿，要求政府慎重考虑和约之签字。

1920年，三才从清华学校毕业后赴美留学。三才先生入伍斯特工程学院，专习电气工程。他按时取得学士和硕士学位，并先后当选为工学会、电工学会、科学会的会员。

1924年毕业后，他更求深造，复进"唯是顶安"电气公司实习。他对电气冷藏特别有兴趣。1927年回国后，在上海静安寺路(今茂名北路)989号创设了一家"北极冰箱公司"，专销美国"弗里吉代尔"牌的产品。他亲任公司总经理并兼任中国通惠机器公司常务董事，还为美国冷气电气、暖气通风等工程学会会员，又历任上海联青社社长、清华同学会会长。曾参加发起组织"中国工程学会"。顾毓琇教授曾任该学会副会长。

爱国人士陈三才

三才先生英才卓著、谦和可亲，中外人士都乐意与他结交为友。在那纸醉金迷的年代，一般富豪人家都争先恐后购置冰箱，因此三才的公司业务很是兴盛，他的个人收入丝毫不成问题。他生活在那个醉生梦死的社会里始终没有忘记对国家民族的义务。凡是社会福利的事业，他总当仁不让，热心参加，出钱出力，在所不计。正由于此，他在上海商界相当吃得开。凡属公益事业，如学校、医院、福利院等无不找他帮助推动。似乎若无Sarcey(三才的英文名字)就不易进行。由此可见他的抱负。

1932年"一·二八"日军侵犯上海。三才先生参与在黄浦江中炸日军舰"出云号"。并结合众多爱国志士，以技术协助军队构筑防御工事，出钱出力，贡献良多。

1937年，抗战爆发，京沪沦陷，汉奸当道。百姓在日军的铁蹄下忍气吞声地生活。三才是个血性男儿，对于做亡国奴实在无法忍受。南京大屠杀更使他义愤填膺。国民党政府迁往重庆，留在沦陷区的人民，手无寸铁，如何能谈为国杀敌。他对于含羞忍辱、暂时偷生的人，一点也不恨，但是对于那些甘心认贼作父的人，实在无法容忍。于是他立志为国除奸，擒贼擒王。他把注意力集中在汪精卫身上，秘密参加锄奸的地下工作，图谋刺杀汪精卫，誓以锄奸为己任。

当年上海极司非路(今万航渡路)76号，是大汉奸汪精卫与日寇合流的特务机关，它是残害进步人士与善良人民的杀人魔窟。陈三才曾参与把炸药埋设在76号与74号之间的一条小沟边的泥土里，当时因为还有一部分炸药尚未运人，所以未装上雷管。原定计划，预备从74号装上引线要把76号主要部分全部炸掉。结果此举被特务发现。

陈三才先生的行为完全是义举，也可以说是出于激愤而升华的爱国忠忱，只因当时得不到手刃奸佞的机会，所以才不吝财帛，广征线索，以求达到锄奸报国的心愿。当时三才买通了一个汪逆最亲信的白俄女护士，随时不断同谋如何暗杀汪精卫，恰巧汪逆因肝病预备在上海四川路福民医院(日本人开)施行手术。三才就转托这个女护士买通一看护，乘汪入院诊病时施以毒刑。当时言明先交费若干，汪入院时再交若干，汪死后再交若干。不料，汪改变了到福民医院就医的计划，而三才的计划遂告流产。可是第一次的款子已经交给那个护士。后来这个护士就常常向三才索款，开始强索，继而改口称借，三才实在感到难于应付。实际上三才先生被此人的花言巧语所蒙骗了。这个白俄女护士把钱骗到手之后，竟昧着良心把三才出卖了。三才先生不幸于1940年7月9日上午在上海大西路(美丽园)附近，连车带人一起被汪伪特工人员绑架进了76号。特务们对他抽皮鞭、灌辣椒水、坐老虎凳、上电刑等施以酷刑，三才先生虽负重伤，但坚贞不屈。数日后，被押往南京继续受审，汪逆亲自提审，并许有电政司之职，遭三才严词拒绝，最后汪逆答应只需一纸悔过，即可开释。三才先生出口大骂："汝辈汉奸出卖民族，人人皆得而诛之，全国同胞皆吾同谋之人也，今唯求速死而已。"他在就义前两天给家属的遗书中写道："在沪六日，可谓最苦。备尝悬吊及各种肉刑。而廿四小时后之处置，尤为严厉，住所食物，绝非人情所能承受。"

三才先生在狱中时，他的家属贿通汪精卫的连襟诸民谊，要他向汪进言，开释陈三才。这时的汪精卫，早已铁了心，杀人早已红了眼，凡有刺汪行为的人，决不宽恕手软。于是当即立批"着即枪决"4个字。陈三才便成了刺汪行动的又一个牺牲者。于1940年10月2日在南京雨花台从容就义，年仅39岁。

他临刑时镇定自若，气壮山河，一方面是由于他笃信基督教，深明教义的真谛，更深的一面，是他深信抗战必胜，统一必成，此种大无畏精神难能可贵。

三才先生的同级好友刘驭万先生生前曾经著文说："一则纪念故友，而最重要者则在举三才为例，以证中华文化深入人心，虽在匹夫，目击时难；尤能奋发，不惜牺牲个人生命，为国家伸张正义。虽三才之义烈没见于国史，而其精神足以激励人心，而照耀千古。

三才先生就义后，他的遗体由亲属及生前好友从南京移至上海殡仪馆，后安葬在静安公墓。

消息传到大后方，重庆清华校友会为陈三才先生举行追悼会，并呈请蒋介石颁发"烈并常山"挽额，表彰陈三才的义烈。

民主人士黄炎培先生在重庆报纸上发表了一首诗《陈三才》，将他比作谋刺秦始皇的英雄荆轲："大义感奋冠发冲"，"一击不中毁全功"。结尾云："呜呼！汉贼不两立，敌我不两容。请读虏廷侃侃君亲供，人曾柔靡三吴风，从此乡耻雪䜣茸。民纪廿九秋涉冬，雨花台血翻天红。呜呼！杀贼不成兮，君当为鬼雄！"

1946年秋，他的同窗好友顾毓琇教授在上海国际礼拜堂(今衡山路53号)以清华同学会、中国工程学会的名义，为陈三才举行追悼会。

他的家乡陈墓镇人民在"棨亭中学"内设"三才厅"以示纪念。1946年昆山中学内修"忠烈祠"并立碑公祭。

1970年，顾毓琇老人曾作诗悼陈三才：

赫赫精忠事可传，
英灵遥望太平年。
美邦负笈身心健，
沪海经营事业先。
西冷桥边云掩月，
雨花台上气冲天。
痛除汉贼计谋泄，
陈氏三才志节坚。

值得庆贺的是，三才先生的母校——清华大学将在九十周年(2001年)校庆时，欲将陈三才作为革命烈士列入纪念碑英烈名录中，特发函昆山市民政局征求意见。

历史不会忘记，三才先生六十年忠魂，安息吧！

2000年4月4日，《昆山日报》载陈三才纪念文章

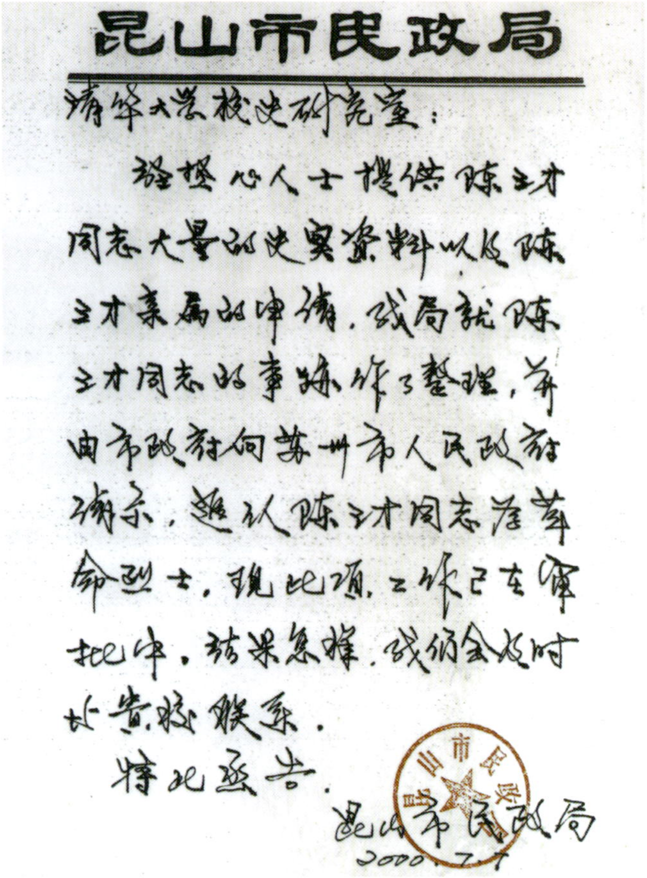

昆山市民政局

清华大学校史研究室：

经热心人士提供陈三才同志大量的史实资料以及陈三才亲属的申请，我局就陈三才同志的事迹作了整理，并由市政府向苏州市人民政府请示，追认陈三才同志为革命烈士，现此项工作已在审批中，结果怎样，我们会及时与贵校联系。

特此函告。

昆山市民政局

2000.7.7

2000年7月7日，昆山市民政局给清华大学校史研究室的复函

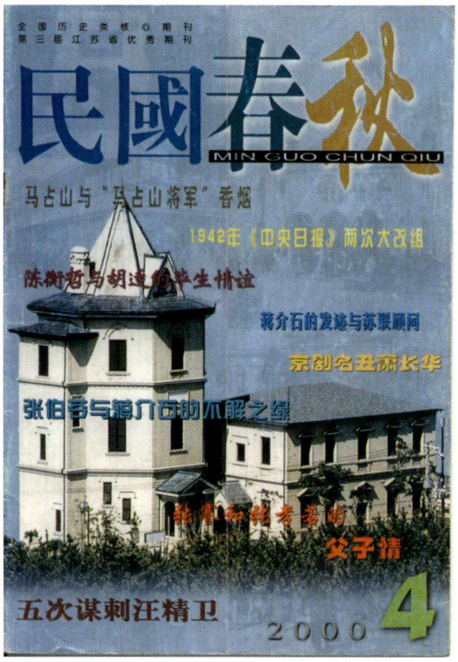

2000年7月，江苏古籍出版社第4期《民国春秋》刊载晓梦（系孟国祥笔名）的文章《五次谋刺汪精卫》

2001年4月10日，费孝通先生在苏州南园宾馆亲切接见本书编者时合影留念，并为陈三才烈士纪念馆题写馆名（右图）

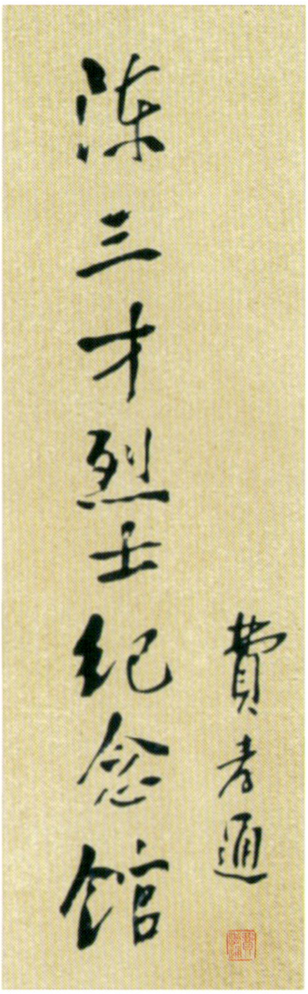

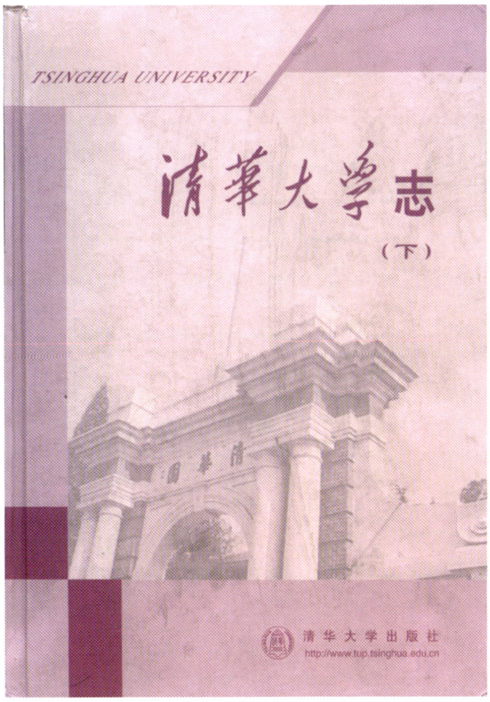

2001年4月出版的《清华大学志》（下）封面

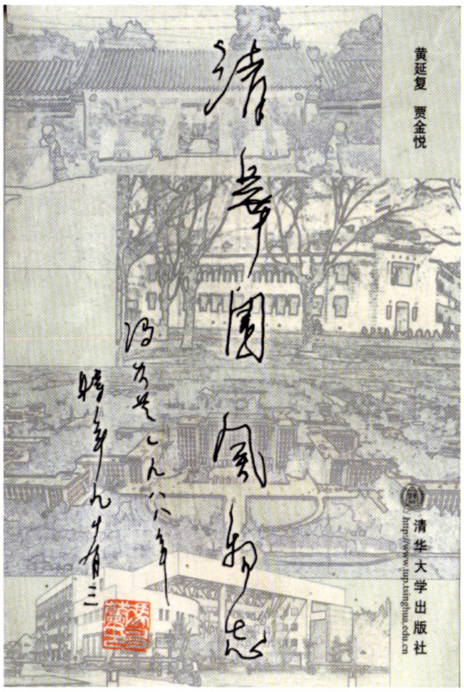

2001年4月清华大学出版社出版的《清华园风物志》叙述1920级陈三才烈士事迹

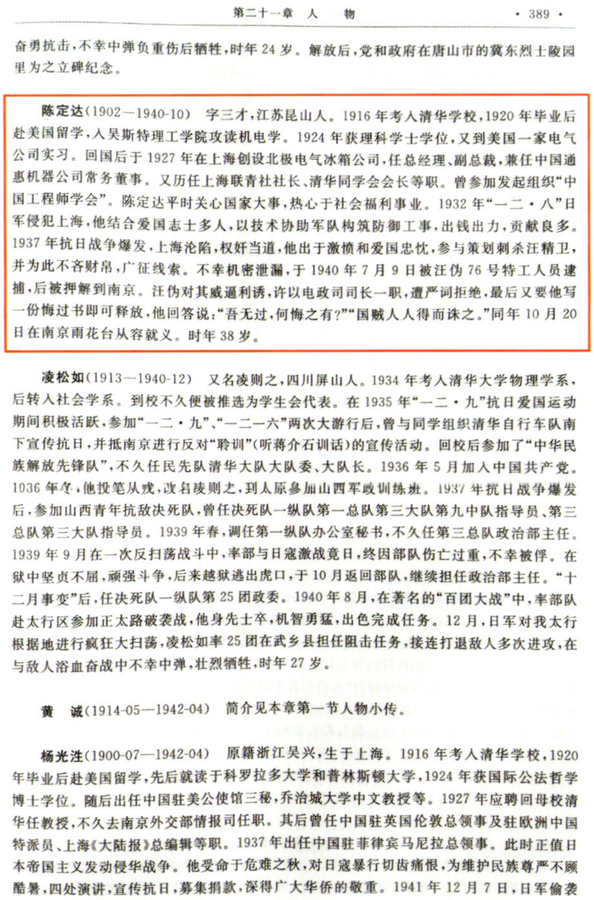

第二十一章　人　物　· 389 ·

奋勇抗击，不幸中弹负重伤后牺牲，时年24岁。解放后，党和政府在唐山市的冀东烈士陵园里为之立碑纪念。

陈定达（1902—1940-10）　字三才，江苏昆山人。1916年考入清华学校，1920年毕业后赴美国留学，入吴斯特理工学院攻读机电学。1924年获理科学士学位，又到美国一家电气公司实习。回国后于1927年在上海创设北极电气冰箱公司，任总经理、副总裁，兼任中国通惠机器公司常务董事。又历任上海联青社社长、清华同学会会长等职。曾参加发起组织"中国工程师学会"。陈定达平时关心国家大事，热心于社会福利事业。1932年"一二·八"日军侵犯上海，他结合爱国志士多人，以技术协助军队构筑防御工事，出钱出力，贡献良多。1937年抗日战争爆发，上海沦陷，权奸当道，他出于激愤和爱国忠忱，参与策划刺杀汪精卫，并为此不吝财帛，广征线索。不幸机密泄漏，于1940年7月9日被汪伪76号特工人员逮捕，后被押解到南京。汪伪对其威逼利诱，许以电政司司长一职，遭严词拒绝，最后又要他写一份悔过书即可释放，他回答说："吾无过，何悔之有？""国贼人人得而诛之。"同年10月20日在南京雨花台从容就义。时年38岁。

凌松如（1913—1940-12）　又名凌则之，四川屏山人。1934年考入清华大学物理学系，后转入社会学系。到校不久便被推选为学生会代表。在1935年"一二·九"抗日爱国运动期间积极活跃，参加"一二·九"、"一二一六"两次大游行后，曾与同学组织清华自行车队南下宣传抗日，并抵南京进行反对"聆训"（听蒋介石训话）的宣传活动。回校后参加了"中华民族解放先锋队"，不久任民先队清华大队大队委、大队长。1936年5月加入中国共产党。1936年冬，他投笔从戎，改名凌则之，到太原参加山西军政训练班。1937年抗日战争爆发后，参加山西青年抗敌决死队，曾任决死队一纵队第一总队第三大队第九中队指导员、第三总队第三大队指导员。1939年春，调任第一纵队办公室秘书，不久任第三总队政治部主任。1939年9月在一次反扫荡战斗中，率部与日寇激战竟日，终因部队伤亡过重，不幸被俘。在狱中坚贞不屈，顽强斗争，后来越狱逃出虎口，于10月返回部队，继续担任政治部主任。"十二月事变"后，任决死队一纵队第25团政委。1940年8月，在著名的"百团大战"中，率部队赴太行区参加正太路破袭战，他身先士卒，机智勇猛，出色完成任务。12月，日军对我太行根据地进行疯狂大扫荡，凌松如率25团在武乡县担任阻击任务，接连打退敌人多次进攻，在与敌人浴血奋战中不幸中弹，壮烈牺牲，时年27岁。

黄　诚（1914-05—1942-04）　简介见本章第一节人物小传。

杨光泩（1900-07—1942-04）　原籍浙江吴兴，生于上海。1916年考入清华学校，1920年毕业后赴美国留学，先后就读于科罗拉多大学和普林斯顿大学，1924年获国际公法哲学博士学位。随后出任中国驻美公使馆三秘，乔治城大学中文教授等。1927年应聘回母校清华任教授，不久去南京外交部情报司任职。其后曾任中国驻英国伦敦总领事及驻欧洲中国特派员、上海《大陆报》总编辑等职。1937年出任中国驻菲律宾马尼拉总领事。此时正值日本帝国主义发动侵华战争。他受命于危难之秋，对日寇暴行切齿痛恨，为维护民族尊严不顾酷暑，四处演讲，宣传抗日，募集捐款，深得广大华侨的敬重。1941年12月7日，日军偷袭

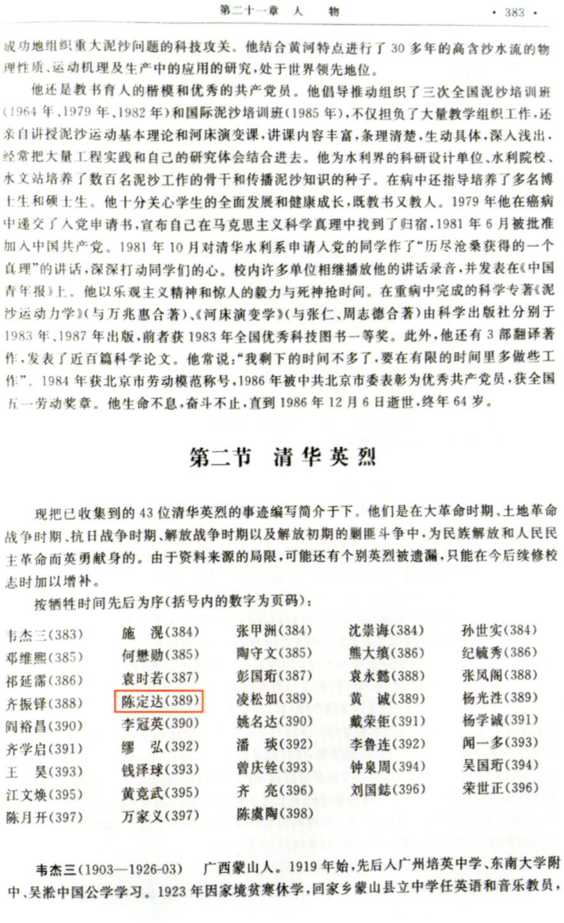

第二十一章　人　物　· 383 ·

成功地组织重大泥沙问题的科技攻关。他结合黄河特点进行了30多年的高含沙水流的物理性质、运动机理及生产中的应用的研究，处于世界领先地位。

他还是教书育人的楷模和优秀的共产党员。他倡导推动组织了三次全国泥沙培训班（1964年、1979年、1982年）和国际泥沙培训班（1985年），不仅担负了大量教学组织工作，还亲自讲授泥沙运动基本理论和河床演变课，讲课内容丰富，条理清楚，生动具体，深入浅出，经常把大量工程实践和自己的研究体会结合进去。他为水利界的科研设计单位、水利院校、水文站培养了数百名泥沙工作的骨干和传播泥沙知识的种子。在病中还指导培养了多名博士生和硕士生。他十分关心学生的全面发展和健康成长，既教书又教人。1979年他在癌病中递交了入党申请书，宣布自己在马克思主义科学真理中找到了归宿，1981年6月被批准加入中国共产党。1981年10月对清华水利系申请入党的同学作了"历尽沧桑获得的一个真理"的讲话，深深打动同学们的心。校内许多单位相继播放他的讲话录音，并发表在《中国青年报》上。他以乐观主义精神和惊人的毅力与死神抢时间。在重病中完成的科学专著《泥沙运动力学》（与万兆惠合著）、《河床演变学》（与张仁、周志德合著）由科学出版社分别于1983年、1987年出版，前者获1983年全国优秀科技图书一等奖。此外，他还有3部翻译著作，发表了近百篇科学论文。他常说："我剩下的时间不多了，要在有限的时间里多做些工作"。1984年获北京市劳动模范称号，1986年被中共北京市委表彰为优秀共产党员，获全国五一劳动奖章。他生命不息，奋斗不止，直到1986年12月6日逝世，终年64岁。

第二节　清华英烈

现把已收集到的43位清华英烈的事迹编写简介于下。他们是在大革命时期、土地革命战争时期、抗日战争时期、解放战争时期以及解放初期的剿匪斗争中，为民族解放和人民民主革命而英勇献身的。由于资料来源的局限，可能还有个别英烈被遗漏，只能在今后续修校志时加以增补。

按牺牲时间先后为序（括号内的数字为页码）：

韦杰三（383）	施　滉（384）	张甲洲（384）	沈崇诲（384）	孙世实（384）
邓维熙（385）	何懋勋（385）	陶守文（385）	熊大缜（386）	纪毓秀（386）
祁延霈（386）	袁时若（387）	彭国珩（387）	袁永懿（388）	张凤阁（388）
齐振铎（388）	陈定达（389）	凌松如（389）	黄　诚（389）	杨光泩（389）
阎裕昌（390）	李冠英（390）	姚名达（390）	戴荣钜（391）	杨学诚（391）
齐学启（391）	缪　弘（392）	潘　琰（392）	李鲁连（392）	闻一多（393）
王　昊（393）	钱泽球（393）	曾庆铨（393）	钟泉周（394）	吴国珩（394）
江文焕（395）	黄竞武（395）	齐　亮（396）	刘国鋕（396）	荣世正（396）
陈月开（397）	万家义（397）	陈虞陶（398）		

韦杰三（1903—1926-03）　广西蒙山人。1919年始，先后入广州培英中学、东南大学附中、吴淞中国公学学习。1923年因家境贫寒休学，回家乡蒙山县立中学任英语和音乐教员，

2001年4月出版的《清华大学志》英烈名单以及陈三才词条

2001年3月，为了答谢百岁老人顾毓琇的热情支持，编者请著名画家张省作《双青图》，5月托表兄朱章森带往美国费城送达顾老手中，祝贺两位老人百岁诞辰

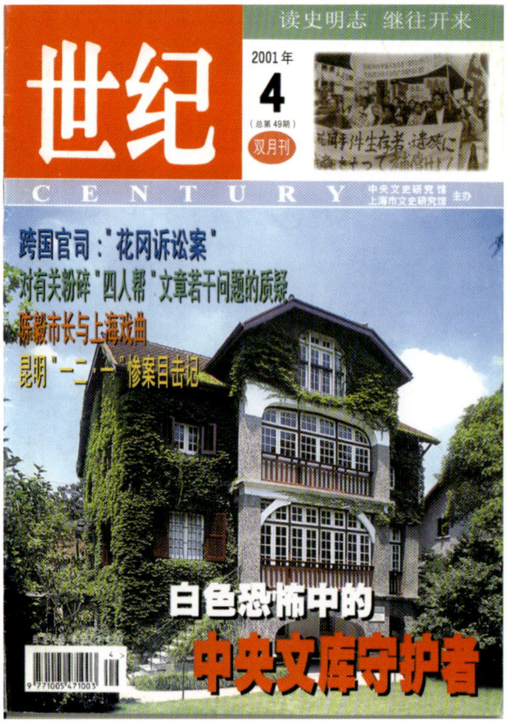

2001年《世纪》杂志第4期刊载陆宜泰的文章《陈三才谋刺汪精卫》

2001年《世纪》杂志，第5期刊载的陈福康的文章《郑振铎追悼陈三才烈士》和杨小佛的文章《我所接触的陈三才先生》

2001年4月30日，清华大学九十周年校庆时把陈三才的名字补刻在“祖国儿女　清华英烈”纪念碑上（纪念碑全貌和局部近景），编者瞻仰纪念碑（右图）

姑蘇晚報

国内统一刊号:CN32-0102　邮发代号:27-100
GUSU EVENING NEWS　售价:0.50元

纪实连载

清华英烈陈三才

陆宜泰　万芊

2001年4月29日，清华大学九十周年校庆隆重举行。

校庆期间，校园内工字厅北荷花池畔小山坡上那“祖国儿女清华英烈”大理石纪念碑上，新刻上了这著名学府在抗日战争期间牺牲的43名烈士的英名。

陈三才是其中的一位。

半个多世纪来，即使在陈三才的故乡——江苏昆山锦溪镇，知道他名字以及了解他事迹的人也是寥寥无几。历史的烟云尘封了这位为挽救民族于危亡之中而毅然捐躯的清华烈士英名。

然而，历史最终不会忘记他。

一、“出了踦门第一家”

清光绪二十八年七月初一，也就是公元1902年8月4日，家居锦溪镇敦和里人称八爷的陈文海府上一片喜气洋洋。

一个小生命降生了。

锦溪镇是苏州以东50多里的一个非常典型的江南水乡古镇。四面环水，东傍淀山湖，西临澄湖，南依五保湖，北靠白淀湖。镇间水道贯通，石桥密布，大小民宅，鳞次栉比。

锦溪，也称陈墓，是个幽雅而宁静的居处，因南宋隆兴年间宋孝宗皇帝携陈妃途经锦溪时，陈妃厌倦世事的纷争，依恋锦溪独有的悠闲与宁静，执意留下，依水而居，后病逝于此，安葬于镇南五保湖水间，锦溪曾由此一度改称陈墓。

锦溪镇，陈姓多大户。然与陈妃有否关联，后人无从考证。

至清末，居锦溪陈姓大户共四支，分居长埭廊、大有里、同昌里、郭和里。尤其是敦和里一支，时称“出了踦门第一家”，足见其门庭的显赫。

八月初一，敦和里陈府张灯结彩，舞龙走狮，大摆宴席，府前歇满了大小轿子与画舫，热闹非凡。

陈文海生有五子，此回生的是第五子，又是初一生的，一应了吉语“五子登科”，又应了当地民间“男难得初一，女难得月半”的俗语，来贺喜都道是陈家鸿福，这新生贵子实在是吉星高照，祥云相伴，将来必定是大福大贵，前程无量。陈文海自然欣喜万分。取出其祖陈竺生于清道光年间修的陈氏家谱，按“其文定华国，维德可安邦”的排名，征询诸长辈的意见，为儿子取名定达，字三才，号偶卿。

三才早慧，天生聪颖，且富足殷实的书香门第使三才很小就受到了良好的教育。陈家没有因为三才是最幼格外宠爱，而是早早地随着兄长们入私塾读一些像《三字经》、《千字文》一类非常传统的启蒙教材，接受一些像“忠孝礼仪”、扬“善”抑“恶”等非常传统的伦理道德观念。

（一）

纪实连载

清华英烈陈三才

陆宜泰　万芊

幼小的三才是在乡贤朱柏庐“修身”、“齐家”、“治国”、“平天下”式的家庭教育中开启智慧之窗的。

辛亥革命爆发，给悠闲宁静的江南水乡也带来了思想革命的冲击，乡镇间的一些有识之士，已渐渐感到宁静的田园闲居并非是他们永远的乐土，于是纷纷离开乡土，进入城市，告别传统的私塾教育，为子女们寻找开放式的新式教育。

在这潮流下，陈文海也决计进城，通过朋友介绍，陈家在苏州城颜家巷买了一处宽大的宅院，三开间门面，前后五进，二十六间，头一进是墙门间，精明的陈文海租给红帮裁缝开店兼带帮着看门；第二进为轿厅；第三进是大厅，兼作孩子们的活动场所，专门做了乒乓桌，孩子就在这里打乒乓，做些踢毽子、跳橡皮筋的游戏。第四进是花厅，也称女厅，是女眷们的活动场所；第五进是正房，两层楼，楼上是房间，楼下是坐起间。

这陈家虽说过的是传统的大户人家等级森严的封建大家庭生活，然新的民主思想和新的西方生活式已经进入和影响了这个大家庭的各个成员，尤其是年轻的一代，给这个大家庭注入了新的生命活力和气象。

陈家的子女们陆续来到苏州后，被送到当时苏州城里有名的草桥中学和景海女中，接受新式教育。

当时生活在颜家巷里的人都知道，这陈家的几十号人中，日常间常常用英语来对话、表达。如果巷子里走过几个用英语在说话的孩子，谁都知道这是陈家的。

随着举家入城，三才进了苏州元和高等小学读书，执教英语的陈霆锐先生尤其喜欢他的聪明、谨慎。

三才的好学与聪敏，使他的学习成绩一直名列众学生之首，他的英语尤为出色，陈家大院里，虽说他年龄算小的，然英语会话绝不会让哥哥姐姐们轻视。

三才天生活泼，对于各种游戏，似乎又不失天份，很玩得转，于是大哥哥大姐姐们再加上一些几乎同龄的侄子侄女外甥外甥女们都很喜欢和他一起游戏。

1913年，陈三才以优异成绩从小学毕业后，又入苏州草桥中学。草桥中学，是当时的省立二中，因地处于将路草桥南堍而得名，是苏城当时的一所名校。

二、一门三人入清华

陈家“篝灯夜读”成风，陈家早年便多饱学之士。

（二）

2002年5月19日—6月8日《姑苏晚报》连载陆宜泰、万芊的文章《清华英烈陈三才》

2002年1月29日 星期二
昆山日报
编辑：赵恒耕 校对：朱海荣
·5·

大视野

谋刺汪精卫的勇士

——昆山籍烈士陈三才的一生

□陆宜泰

在北京清华园、工字厅北面荷池畔的小山坡上，竖立着一块烈士纪念碑，巨石上刻着"祖国儿女、清华英烈"八个大字。巨石南面的大理石上镌刻了清华大学在抗日战争与解放战争中牺牲的43位烈士英名，其中一位就是陈三才。

有名望的电机工程师

陈三才，名定达，号偶卿，江苏昆山市锦溪镇人，生于1902年8月4日。陈三才幼承家学，聪敏过人。早年肄业苏州元和学堂，14岁（1916年）被保送北京清华学校，并为留美预备班学员。他在学校功课成绩优秀，性情温良，平易近人，且多才多艺。在课外活动中，他会打球，会乐器，会表演，整天忙个不停。他参加学校的乐队，吹了几年喇叭，吹得很好。他并不死啃书本，但每次考试总名列前茅，才华横溢。

1919年"五四"运动期间，陈三才与同学们积极参加游行，要求释放被捕学生。在巴黎和会时与北平各大学的学生一起，用报纸铺地睡在天安门前请愿，反对签订丧权辱国的条约。

1920年夏，陈三才从清华大学毕业。全年级79人由王文显教授率领，从上海乘船启程，赴美留学，经24天航行到达旧金山后，同学们各奔前程。陈三才入美国东北部的马萨诸塞州吴士脱理工学院，专习电机工程。此时虽远在异国他乡，他如同在清华一般，学习上仍勤奋努力，按时取得学士和硕士学位。在四年之内先后当选为工学会、电工学会、科学会的会员。那时习惯用挂表，他的表链上总是挂满了各种学术团体的荣誉钥匙。在体育方面他比在国内时更有进步，曾担任吴士脱理工学院的网球队队长和足球队队长，曾荣获网球单打冠军。

1920年陈三才在清华大学毕业时留影。

1924年陈三才毕业后更求深造，进著名的西屋电子公司实习。他对电气冷藏特别有兴趣，当时已是一位有名望的电机工程师。

陈三才烈士(1902—1940)

立志除奸

陈三才1927年回国后，在上海静安寺路989号（今茂名北路口）创设了一家北极电气冰箱公司，进口工业冷气设备、通水设备及仪器等，经销美国佛里吉代尔牌冰箱。陈三才亲任总经理、副总裁兼中国通惠机器公司常务董事，并为美国冷气、电气、暖气、通风等工程学会会员。还任上海联青社社长、清华同学会会长。曾参加发起组织"中国工程师学会"。

陈三才先生办实业成就卓著。在二十世纪二三十年代的旧上海，一般富豪人家都争先恐后购置冰箱，因此他公司的生意兴隆，个人收入不菲。他生活在这个醉生梦死的社会里，始终没有忘记国家民族的利益。凡是社会上的福利事业，他总热心参加，出钱又出力，在所不惜。正因为如此，当时他在上海商界中很有声望。

陈三才为灾难深重的中国遭列强侵略而悲愤，誓以一腔热血报效祖国。1932年"1·28"事变，日军侵犯上海，他一面呼吁社会各界解囊支援抗战，一面又亲临前线，以技术协助中国军队构筑防御工事，曾参与在黄浦江中炸日军舰"出云号"的行动。1937年抗战爆发，京沪沦陷，汉奸当道，国民党政府迁往重庆。陈三才是个血性男儿，对沦陷区人民含羞忍辱地生活很同情，但对于那些认贼作父的人无法容忍。他立志为国除奸，擒贼擒王。

被白俄出卖逮捕

1938年12月，汪精卫逃离重庆，公开叛国投敌。陈三才誓以锄奸为己任，把注意力集中在大汉奸汪精卫身上，谋划刺杀汪精卫。

当年上海极司非尔路（今万航渡路）76号，是大汉奸汪精卫与日寇合流的特务机关，是残害进步人士的魔窟。陈三才曾参与把炸药埋在76号与74号之间的一条小沟边的泥地里，当时因还有一部分炸药尚未运到，所以未装上雷管。原计划从74号装上引线，把76号主要建筑全部炸掉。此举结果被特务发现，功亏一篑。

陈三才因得不到手刃奸佞的机会，便不吝财帛，广征线索，以遂锄奸报国的心愿。他曾接触过不少自称"有办法"的人，到后来不是虎头蛇尾，就是一去无音讯，其中当然也有存心骗几个钱的。其间他找到一个叫伊凡诺夫的白俄。他们密商多种刺杀汪精卫的办法，恰巧此时汪因肝病预备在上海四川路日本人开的福民医院施行手术，陈三才就转托这个白俄买通医院一位看护，乘汪入院时毒杀之。当时言明先交费若干，汪入院时再交若干，汪死后再交若干。不料，汪很狡猾，突然改变了到福民医院就医的计划，陈三才的计划遂告流产，但第一笔款子已交给那个白俄。后来这个白俄常常向陈三才索款，开始时强索，继而改口称借，陈三才感到难于应对。更可恶的是，此人骗得巨款后，竟昧着良心，又去向"76号"讨赏，出卖了陈三才。

陈三才不幸于1940年7月9日上午，在上海大西路美丽园（今延安西路）连车带人一起，被汪伪特工投入了"76号"。

宁死不屈的英雄汉

在狱中特务们对他抽皮鞭、灌辣椒水、坐老虎凳、上电刑等，施以种种酷刑。陈三才受尽折磨，但坚贞不屈。7月17日被押往南京，继续受审。汪精卫亲自提审，逼供同谋，并许诺说出指使者，封他外交部长之职，遭陈三才严词拒绝。最后汪答应只需一纸悔过，即可开释。陈三才破口大骂："汝辈汉奸丧尽天良，出卖祖国，出卖民族，人人皆得而诛之，全国同胞皆吾同谋之人也！今唯求速死而已。"

陈三才在就义前两天给家属的遗书中写道："在沪六日，可谓最苦。备尝悬吊及各种肉刑。而廿四小时后之处置，尤为严厉，住所食物，绝非人情所能承受。"

陈三才在狱中时，他的家属贿通汪精卫的连襟褚民谊，要他向汪进言，开释陈三才。此时上海清华同学会、大夏大学理学院院长邵家麟、上海广告公司经理陆梅僧等名人和团体都竭力营救他。因陈三才是自发的谋刺，且又是颇有名望的实业家而非政治领袖或特工人员，周佛海、李士群也认为可不致陈三才死罪。但汪精卫杀人红了眼，早已铁了心，凡对行刺之人，决不宽恕手软，于是批字"着即枪决"。陈三才便成了刺汪行动中的又一个牺牲者，于1940年10月2日下午2时，在南京雨花台从容就义，年仅38岁。

1920年～1924年陈三才在美国留学期间，曾任吴士脱理工学院网球队和足球队队长。

冯玉祥等参加祭典

陈三才先生就义后，他的遗体由其亲属及生前好友从南京移至上海万国坟园安葬。

消息传到大后方，中国工程师学会、清华同学会、联青社以及陈立夫、黄炎培、顾毓琇、吴国桢等各界名流41人发起，于1942年2月1日在重庆夫子池新运模范区忠义堂举行追悼大会，并呈请蒋介石颁发"烈并常山"挽额表彰陈三才的义烈。追悼会由张一麐主祭，冯玉祥等陪祭，重庆各界人士参加。

陈三才先生的同年级好友刘驭万先生曾经著文说：一则纪念故友，而最重要的则在举三才为例，以证中华文化深入人心，虽在匹夫，目击时难，尤能奋发，不惜牺牲个人生命，为国家伸张正义。虽三才之义烈，没见于国史，而其精神足以激励人心，而照耀千古。

黄炎培在重庆报纸上发表了诗作《陈三才》，称赞陈三才"大义感奋冠发冲"、"壮哉三才人中龙"。

1946年秋，陈三才的好友顾毓琇教授在上海国际礼拜堂（今衡山路53号）以清华同学会、中国工程师学会的名义，为他主持追悼会，缅怀陈三才烈士。

陈三才的家乡昆山县政府于1947年1月1日，在昆山中山纪念堂举行忠烈入祠大典，隆重表彰陈三才烈士。

后　记

笔者为了进一步证实陈三才的烈士身份，于2000年1月18日给远在大洋彼岸的百岁老人顾毓琇教授写信求证。顾老先生在收到信的当天1月28日就提笔复函："陈三才校友谋杀汪精卫未成，在南京雨花台就义成仁，确为烈士，本人深知其事，可以证实。清华将于九十校庆时，将陈三才事迹表扬，本人十分赞成。近接陈三才烈士亲友来信，特写此函证实，不必再作审查。陈三才学长在杭州结婚本人曾参加，三才兄好友刘驭万曾有追悼文字，并曾建议本人编成剧本，迄未能应命。"

可以告慰烈士在天之灵的是，六十年后，陈三才百岁诞辰之时，他的母校——北京清华大学于2001年举办九十周年校庆时，把他的名字补刻在英烈纪念碑名录中。93岁高龄的费孝通老先生最近又为陈三才在锦溪的故居，题写了"陈三才烈士纪念馆"的匾额。

陈三才英名千古，浩气长存。

（本文照片由陆宜泰提供）

昆山之子

2002年1月29日《昆山日报》刊载陆宜泰的文章《谋刺汪精卫的勇士：昆山籍烈士陈三才的一生》

致　北京清華大學圖書館朱前館長文浩

從　台灣清華大學圖書館趙鳳珠

朱館長：您好！

您託我打聽的清華校友陳三才的歷史資料，本校校友會負責校友通訊的陳小姐告訴我說她已收到陸宜泰先生寄給校友會的信，她 3 月 15 日也已寄出 4 頁過期的校友通訊中有關陳三才校友的報導給陸先生了（我抄下地址為：江蘇省昆山市南後街下塘 17 號）。校友會陳小姐全名叫陳育慈，直撥電話 886-（03）5724077、5724024，傳真（03）5724038，通訊地址：新竹市光復路二段 101 號清華大學校友會。我也曾請本館負責校史室的簡主任尋找關於陳三才的資料，簡主任請工讀同學清查校史檔案，花了幾天的時間仍一無所獲，如果還有需要我幫忙的地方請不吝告知。

我已於去年初調至總圖書館採編組工作，主要負責西文圖書採購業務，我館的所有中西文書刊採購發訂作業，從前年初就開始公開上網招標，去年西文圖書就做了十幾個標案，雖然我目前已不擔任主管工作，但平常的採購業務亦相當忙碌，尤其是圖書經費核下的現在這時候。

這次北京之行，大夥都玩得很開心，麻煩您們很多，心有不安，只能再三感謝，感謝清華人的熱情。吳玉愛是第一次到北京，看到您、竇主任和我見面時的熟稔，她問我：「你們感情怎麼這麼好？」您託我帶給三位美女的東西都送到她們手上了，您真是太客氣了，兩岸清華的感情濃得化不開，大家都有再見面的機會，在不久的將來。最後

順頌

春安

趙鳳珠 敬上　2002/04/26

2002年4月26日，台湾新竹“清华大学”图书馆关于查询“陈三才烈士资料”的复函

志在除大奸　虽死何足惜

陈三才名勒清华园

陈定复　陆宜泰

在北京的清华园里，工字厅北面荷池畔的小山坡上，树立着一块烈士纪念碑，巨石上镌刻着“祖国儿女　清华英烈”八个大字。在其南面的一块大理石上还刻有清华大学在抗日战争与解放战争中牺牲的43位烈士的名字。其中的一位就是本文要叙述的陈三才烈士。

陈三才名定达，号偶卿。江苏昆山市锦溪镇人，生于1902年8月4日。三才自幼承家学，聪敏过人。早年肄业苏州元和学堂，14岁时被保送北京清华学校。1920年三才从清华大学毕业，其全年级79人由王文显教授率领从上海坐船赴美留学。三才入吴士脱理工学院专习电机工程。1924年毕业后三才复进名厂西屋公司实习，成为一位很有名望的电机工程师，而尤对电气冷藏专业十分精通。

1927年，陈三才回国，在上海静安寺路989号（今茂名北路口）创设了一家北极电气冰箱公司，进口工业冷气设备、通水设备及仪器等，经销美国佛里吉尔代尔牌子的冰箱。三才亲任总经理、副总裁兼中国通惠机器公司常务董事。他还是美国冷气、电气、暖气、通风等等工程学会会员。同时任上海青社社长、清华同学会会长。曾参加发起组织“中国工程师学会”。

冰箱在二、三十年代的旧上海，是富贵人家的必需，因此陈三才的生意十分发达。然而却很少有人知道，陈三才这样一个“幸运儿”，生活在十里洋场这个醉生梦死的环境里，始终没有忘记国家民族的利益。他热心参加社会上的福利事业，出钱又出力。更难能可贵的是，陈三才为灾难深重的祖国忧虑，对帝国主义列强侵略中国的行径愤怒扼腕，他发誓要以一腔热血报效祖国。1932年，上海“一二八事变”，陈三才义无反顾地投入抗战，他一面呼吁社会各界解囊支援抗战，一面亲临前线，以技术协助中国军队构筑防御工事，他还参与了在黄浦江中炸沉日军舰“出云号”的行动。

1937年，抗战全面爆发，京沪沦陷，汉奸当道。身处沦陷区的陈三才，无法忍受做亡国奴的痛苦，日军在南京的血腥大屠杀更激起了他极大的义愤。陈三才由此对那些认贼作父的汉奸败类，深恶痛绝，必欲亲手除之而后快。

擒贼先擒王，陈三才把目标锁定在大汉奸汪精卫身上，开始秘密谋划锄奸活动。

当年上海极司非尔路（今万航渡路）76号，是大汉奸汪精卫与日寇合流的特务机关，它是残害进步人士与善良人民的杀人魔窟。陈三才曾参与把炸药埋在此地的一次谋刺行动，但后因被特务发现，功亏一篑。

得不到手刃奸佞的机会，陈三才未免有些性急。他因此不吝财帛，广征线索。他曾接触过不少自称“有办法”的人，但每每后来不是虎头蛇尾，就是人一去就杳无音讯，其中当然免不了有几个存心骗几个钱的。期间他找到一个叫伊凡诺夫的白俄，这个白俄提出的条件，除金钱之外，无别的企图。谈妥之后，陈三才开始与之密商刺汪的办法。恰值此时汪精卫因肝病预备在上海四川路福民医院（日本人开的）开刀手术。陈三才于是转托这个白俄买通了医院里的一个看护，乘汪入院时伺机将其杀死。当时言明先交费若干，汪入院时再交若干，汪死后再交若干。不料，汪精卫因改变了到福民医院就医的计划，陈三才的计划遂告流产。此时第一笔钱款已交给那个白俄，可后来这个白俄三番五次又向陈三才索款。开始是强要，继而改口称借。可恶的是，此人讹诈得手后，竟昧着良心，又去“76号”讨赏，出卖了陈三才！

陈三才于1940年7月9日在上海大西路美丽园（今延安西路）遭汪伪特务抓捕，连人带车一起被投入了76号。

陈三才在狱中被特务们施以酷刑，折磨得遍体鳞伤，但他坚贞不屈，唯对汉奸走狗骂不绝口外再无他言。7月17日，三才被押到南京，汪精卫亲自提审，逼其供出同谋，同时诱以高官厚禄收买其心。遭到陈三才的严词拒绝后，汪又表示只要陈一纸悔过，即可开释。陈三才破口大骂汪精卫：“汝辈汉奸丧尽天良，出卖祖国，出卖民族，人人皆得而诛之，全国同胞皆得而诛之，全国同胞皆吾同谋之人也！”

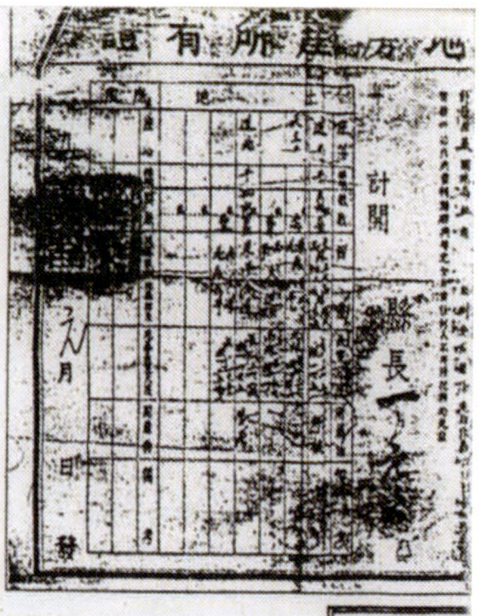

陈三才在就义前给家属的遗书中写道：“在沪六日，可谓最苦，备尝悬吊及各种肉刑。而廿四小时后之处置，尤为严厉，住所食物，绝非人情所能承受。”

陈三才的家属为搭救他，曾贿通褚民谊，要他向汪精卫进言，开释陈三才。此时上海清华同学会，大夏大学理学院院长邵家麟，上海广告公司经理陆梅僧等人竭力营救，因陈三才是自发的谋刺。且他又是颇有名望的实业家，而非政治领袖或特工人员，周佛海、李士群也认为可不致陈三才死罪。但汪精卫却铁了心批下“着即枪决”。陈三才遂于1940年10月2日在南京雨花台从容就义。年仅38岁。

陈三才死后，遗体由其亲属及生前好友从南京移至上海万国墓园安葬。消息传到大后方，中国工程师学会、清华同学会联青社以及各界名流41人发起，于1942年2月1日在重庆夫子池新运模范区忠义堂举行追悼大会，并呈请蒋介石颁发“烈并常山”挽联表彰陈三才的义烈。追悼会由张一麐主祭，冯玉祥等陪祭。重庆各界人士参加。

当时黄炎培在重庆报纸上发表了一首诗，将陈三才比作谋刺秦始皇的英雄荆轲：有“大义感奋冠发冲，一击不中毁全功”这样的句子，结尾云：“汉贼不两立，敌我不相容。请读虏廷侃侃君亲供，人曾柔靡三吴风，从此乡耻雪閒篁。民纪廿九秋涉冬，雨花台血幽天红。呜呼！杀贼不成兮，君当为鬼雄！”

人民政协报　春秋　周刊
（第68期）
2002年5月21日　国内统一刊号CN11—0033　代号1—2　E-mail:TS19540302@yahoo.com.cn　主编：刘康泰

2002年5月21日，《人民政协报》刊载陈定复、陆宜泰的文章《志在除大奸 虽死何足惜》

2001年6月，《苏州杂志》第五期刊载陈益的文章《清华英烈陈三才》

2002年9月，《心系朝阳》王道伟著文《为谋刺汪精卫的勇士正名而奔波的人》

陈三才烈士居住过的上海“福履理路”（今建国西路）622号，房屋至今犹在

2002年12月，华夏出版社出版陆宜泰、万芊合著的《陈三才》封面

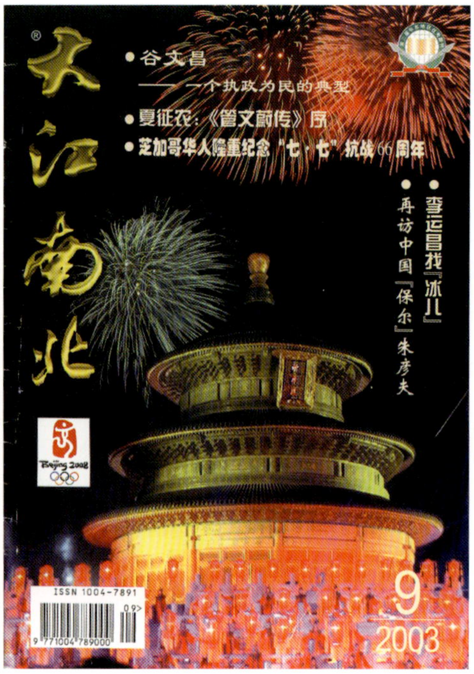

2003年《大江南北》第9期，王道伟著文《谋刺大汉奸汪精卫的陈三才烈士》

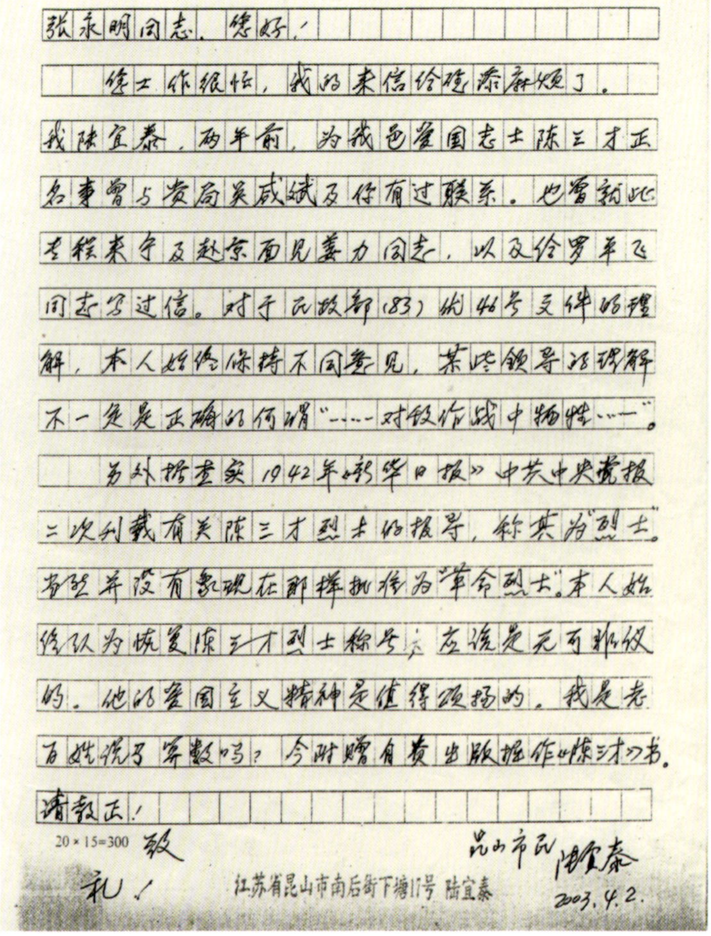

张永明同志，您好！

您工作很忙，我的来信给您添麻烦了。我陆宜泰，两年前，为我邑爱国志士陈三才正名事曾与省局吴威斌及你有过联系。也曾为此专程来宁及赴京面见姜力同志，以及给罗平飞同志写过信。对于民政部(83)优46号文件的理解，本人始终保持不同意见，某些领导的理解不一定是正确的何谓"……对敌作战中牺牲……"。

另外据查实1942年《新华日报》中共中央党报二次刊载有关陈三才烈士的报导，称其为烈士。当然并没有发现在那样批准为革命烈士。本人始终认为恢复陈三才烈士称号，应该是无可非议的。他的爱国主义精神是值得颂扬的。我是老百姓说了算数吗？今附赠自费出版拙作《陈三才》一书。

请教正！

20×15=300

致

礼！

昆山市民 陆宜泰

江苏省昆山市南后街下塘17号 陆宜泰

2003.4.2.

2003年4月2日，本书编者为陈三才正名给江苏省民政厅优抚处张处长的信

2005年6月，香港文汇出版社出版《扬我中华魂》载王道伟文章《谋杀大汉奸汪精卫的陈三才烈士》

2006年7月，清华校友通讯丛书《校友文稿资料选编》节选，刊发陆宜泰、万芊撰文清华英烈陈三才文章

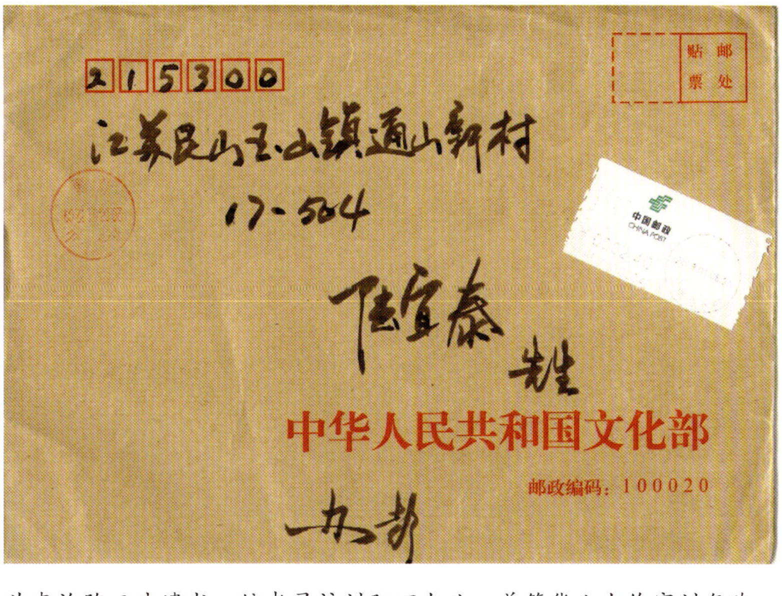

为查询陈三才遗书，编者寻访刘驭万女儿、美籍华人女作家刘年玲，2008年1月12日，原文化部部长王蒙的秘书彭世团代王蒙复函的信封

2011年6月，华夏翰林出版社出版陆宜泰、万芊合著《当代荆轲 清华英烈：陈三才》中英文版

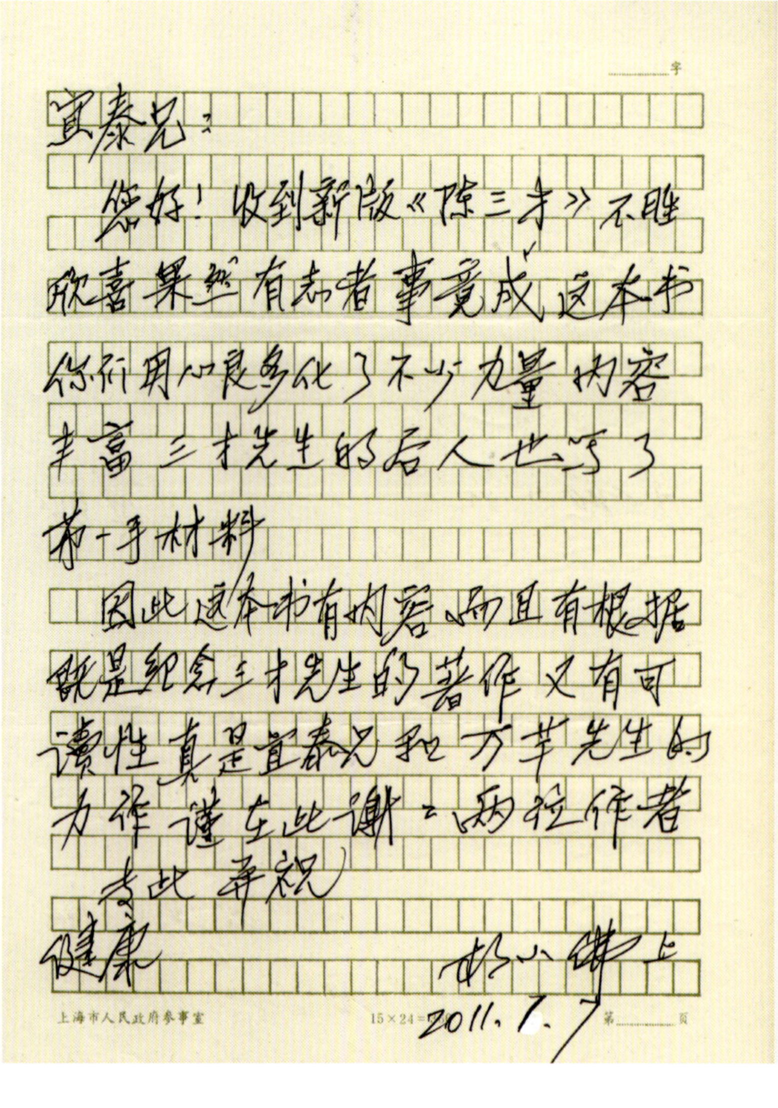

宜泰兄：

您好！收到新版《陈三才》不胜欣喜 果然有志者事竟成 这本书你们用心良多 化了不少力量 内容丰富 三才先生的后人也写了第一手材料

因此这本书有内容 而且有根据 既是纪念三才先生的著作 又有可读性 真是宜泰兄和万芊先生的力作 谨在此谢谢两位作者

专此 并祝

健康

杨小佛 上

2011.7.7

上海市人民政府参事室 15×24= 第 页

2011年7月7日，上海市政府参事杨小佛先生来信

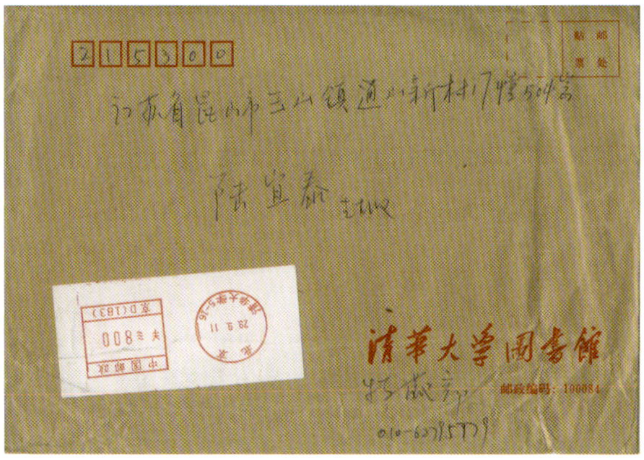

清华大学图书馆特藏部

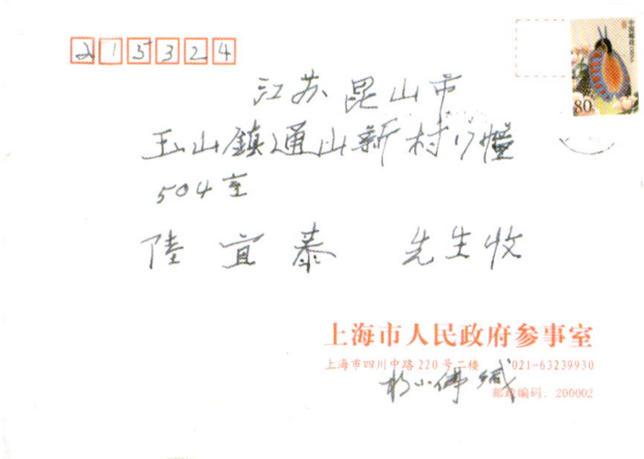

杨小佛给笔者复函的信封

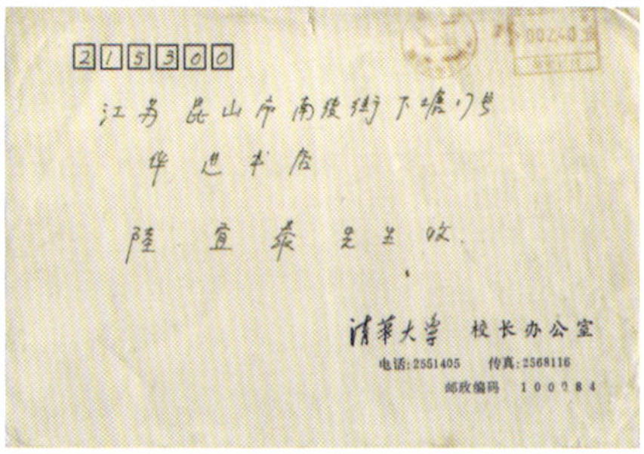

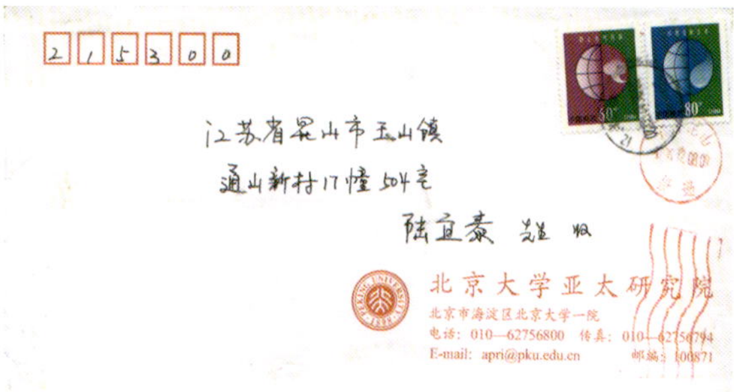

北京大学亚太研究院复函的信封

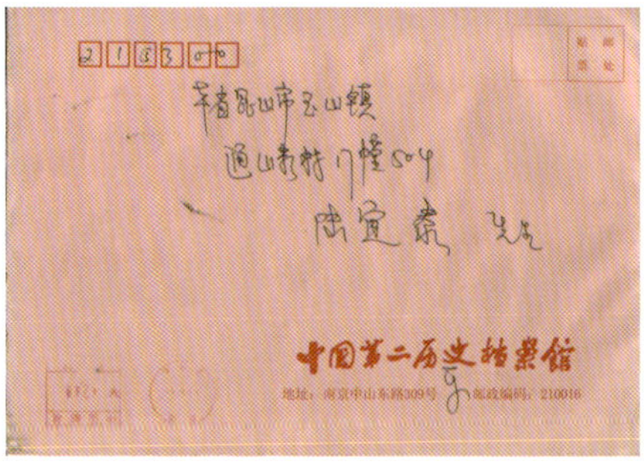

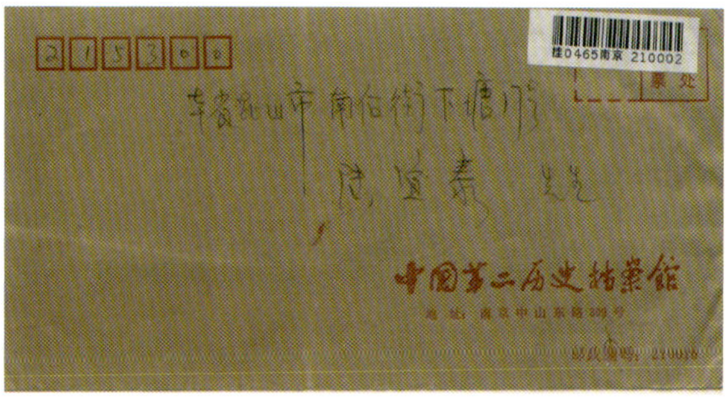

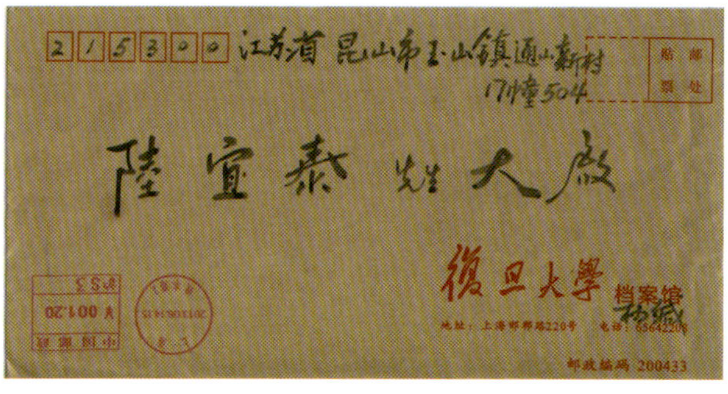

本书编者为给陈三才烈士正名，除奔赴各地之外，还与全国众多大学档案馆、图书馆联系查证有关资料

精卫，不幸事泄，于1940年7月9日在上海被捕，同年10月2日在南京雨花台英勇就义，年仅39岁。

国内的书现在很少关注陈三才的历史，但是，在他的母校，伍斯特理工学院，却专门有人积极地收集他的档案，为一个中国人做传记，并在学校组织纪念活动——这就是价值观的教育！你有钱了之后，应该做些什么？是享乐，还是回报社会？这才是学校应该做的！

2012年陈三才的母校伍斯特理工大学（WPI），4月26日举行陈三才诞辰100周年纪念活动。讲台上是詹妮弗·鲁道夫教授（Professor Jennifer Rudolph）向大家介绍陈三才烈士生平，她在伍斯特理工大学（WPI）教中国现代政治史

Biography of Sarcey Chen

Written by

Yitai Lu and Qian Wan

Translated by Xiaowen Zhen, Xiaolin Zhen, Zhichao Liao
Assisted by Margaret Anderson and Yi Mei Dong

Worcester Polytechnic Institute

WPI

February 17, 2012

2012年2月，美国伍斯特理工大学（WPI）为纪念该校1924级优秀毕业生、中国抗日烈士陈三才诞辰100周年，特地举行陈三才烈士生平事迹报告会暨《陈三才传记（中英文）》首发式。本图为该书扉页

Captions

a. Portrait of Sarcey Chen   b. Mr. and Mrs. Yuxiu Gu, who wrote a poem on Sarcey   c. Chen's family picture taken in Suzhou, China
d. Captain Chen in the college tennis team   e. Sarcey Chen in the college soccer team   f. Mr. Yitai Lu and Ms. Nienling Leung, the daughter of Mr. Yuwan Liu
g. Mr. Lu and Mr. Zhoutong Fei, who wrote the inscription for Museum of Sarcey Chen in Suzhou
h. Mrs. Ann Summers, Sarcey's former wife, her daughter and son
i. Mr. Yuwan Liu, Sarcey's good friend   j. Mr. Wallen Summers, Sarcey's son   k. Ann and Wallen Summers

2012年2月，美国伍斯特理工大学编辑的《陈三才传记》部分插页

2014年《上海滩》第1期刊载黄乔奇文章《北极公司三位老总》

2017年《上海滩》第2、3期刊载孙月红、陆宜泰文章《陈三才：刺杀汪精卫的上海实业家》

昆山市民政局：

你局《关于认定陈三才为烈士的汇报》（昆民〔2014〕203号）收悉。根据你局提供的史料资料（复印件），我局进行了认真研究并向民政部优安局烈士褒扬处领导汇报，回复是：陈三才烈士的身份予以认定。

江苏省民政厅优抚局

2014.12.8.

2014年12月8日，江苏省民政厅认定陈三才为烈士的批复

昆山市民政局文件

昆民〔2014〕203号

关于认定陈三才为烈士的汇报

江苏省民政厅优抚局：

最近，我市已故人士陈三才的家属向我局递交申请书，要求追认陈三才为烈士。

陈三才，名定达，号偶卿，1902年8月4日出生，早年肄

2017年7月26日 星期三 连载编辑：刘伟馨 编辑邮箱：lwx@xmwb.com.cn

新民晚报

阅读/连载

24小时读者热线：962555 阅读编辑：郭影 编辑邮箱：guoy@xmwb.com.cn

23

陈三才：刺杀汪精卫的上海实业家（上）

◆ 孙月红 陆宜泰

1940 年的夏天，上海实业家陈三才的一次刺杀未遂，再一次让汪精卫侥幸逃脱。陈三才是清华留美学子，又是上海的商界精英，他为什么要放弃荣华富贵、繁花似锦的前程，冒着生命危险去刺杀汪精卫呢？

清华学子 "五四"运动当先锋

1902年8月4日，陈三才出生于江南古镇陈墓（今江苏昆山锦溪）。陈家是当地有名的士绅之家。三才的父亲陈文海，是光绪庚子恩贡，饱读经书，满腹经纶。三才是陈文海的第五子。

后来，陈家在苏州城内颜家巷买了一处大宅院，五开间门面，前后五进，共26间房。进城后的陈家，虽说仍旧过着传统的等级森严的封建大家庭生活，但民主思想和西方生活方式慢慢地进入了这个大家庭，并且影响着这个家庭的每个成员，尤其是年轻人。

陈三才很小就被父亲送入私塾。举家迁到苏州后，三才被送进苏州元和高等小学读书。三才是个聪明过人的孩子。多年后，三才的英语老师陈霆锐著文回忆，说三才英语出色，人极聪明，亦甚谨饬。三才不是那种死读书的孩子，而是个极具才情的男孩，他喜欢体育运动，对各种球类尤感兴趣，对音乐也极有天赋，常随大人去书场听苏州评弹，也喜欢自己摆弄乐器，吹拉弹唱样样精通。

1913年，三才从元和高等小学毕业后入苏州草桥中学读书。草桥中学是当时的省立二中，因地处干将路草桥南堍而得名，是当时苏州的一所名校。3年后的1916年，15岁的三才以优异的成绩被江苏省保送进了北京清华学校（清华大学前身）留美部中等科学习。

在陈三才毕业的前一年，北京发生了"五四运动"。消息传到清华园，师生们群情激愤。6日，全校罢课；7日，清华学校代表团正式成立，组织救国团和宣传队准备进城演讲。三才当然不会缺席，他首先报名，被编入宣传队。在9日举行的清华学生"国耻纪念会"上，三才与数千名学生一起庄严宣誓。

1920年夏，陈三才以优秀的成绩毕业于清华学校庚申级中等科。毕业前，同学们给母校献上了一份珍贵的礼物：日晷。同学们在日晷的底座上用中文和拉丁文镌刻着四个字："行胜于言"。离开清华园前，三才来到日晷前，留下了他在清华园最后的身影。18岁的陈三才记住了这句铭言，他将用生命实践这四个字。

沪上创业 空调引入上海滩

走出清华园，三才于1920年8月13日凌晨启程赴美。经过24天的航行，三才与他的同学抵达了旧金山。陈三才与萨本铁等同学，又经过几天的行程来到美国东北部的马萨诸塞州伍斯特理工学院。三才攻读的是电气工程科。三才多才多艺，英语又特别好，所以在伍斯特理工学院，三才得到了教师与同学的欣赏。各科教师都喜欢这个来自东方异邦的学生，推荐他加入学院工学会、电工学会、科学会。成为这些学会的会员后，三才更加忙碌。4年后的1924年6月6日，陈三才以各科全优的成绩，获得了伍斯特理工学院的硕士学位。

从伍斯特理工学院毕业后，陈三才进入了当时美国著名的匹兹堡威斯特浩斯电气制造公司。在此工作一年后，三才又被中国驻华盛顿公使馆推荐到纽约的威斯汀浩斯公司工作。在美国学习工作的这几年里，三才对比了美国与中国的经济与政治。美国的强盛与中国的落后，让三才受到了很大的刺激。经过思索，他认为中国的强盛还得借助于现代工业与商业的发展，闭关自守是没有出路的。于是，陈三才决定回国，为国效劳。

1926年底，陈三才怀着实业救国的梦想回到祖国。当时的上海是全国工商业最为繁华的地方，经过考察，陈三才选择了上海作为他事业的基地。他与美国工程师汉布尔敦一起创办公司。三才日夜忙碌，经过一段时间的筹备，上海滩上第一家冰箱公司正式成立。公司设在静安寺路（慕尔鸣路口）989号的一幢建筑物中，命名为"美商北极公司"，电话号码为34350。这是我国较早的与美国联营的公司，或称美商投资公司，总部设在美国。

公司除了专销美国"弗里吉代尔"牌制冷产品，还经营着冰箱、制冰机器、电气风扇、空气调节器等电器设备。之后，陈三才继汉布尔敦担任"北极公司"第二任总经理、副总裁，还兼任着中国通惠机器公司常务董事，两个公司设在同一幢楼里。公司有一个相当大的厅堂，陈列着各种规格的冰箱、空调样品。展厅上的阁楼做营业办公室。公司专门聘用了一批懂冷暖气、通风设备的维修技术人员，陈三才把在美国学到的世界上最先进的电气与制冷方面的专业知识传授给这些技术人员，还把在美国匹兹堡威斯特浩斯电气制造公司学到的先进管理模式融入了北极公司。不久，陈三才被推选为上海青联社社长、上海清华同学会会长。

淞沪抗战 用技术打击日军

1932年1月28日晚，日军突然向上海闸北的国民党第十九路军发起了攻击，十九路军奋起抵抗。上海各界纷纷行动，组织了很多义勇军、敢死队奔赴前线，支持十九路军。三才也立即行动起来，以上海青联社社长和中国工程师学会会员的名义开着车和同仁赶赴闸北，那里有中国军队的一个团和一个宪兵团在与日军作战。阵地上，炮声隆隆，子弹穿梭，士兵们拦住三才他们的去路。三才对士兵说，我们是来见你们长官的。在一处倒塌房屋的临时掩体里，陈三才见到了阵地上的最高长官，一名正在指挥战斗的副团长。三才跟副团长说，我们是工程师，我们想用我们的技术参加抗战，现在需要我们做什么？打红了眼的副团长直截了当地说：你们能帮我们修筑工事吗？是那种既能防御又能反击的工事，马上就要用，要一边筑一边用。

陈三才学着军人口气说："能！"副团长唤来了一个军官，命令道："我把这些工程师交给你，限你们在最短的时间里，筑好第二道防线，并给我死死守住。"陈三才带着工程师们马上奔赴指定地段，根据地形一边画草图一边垒起草包。就在第一道防线告急时，三才与官兵们构筑的第二道防线即时派上了用场。从阵地上下来后，三才很受刺激，寝食不安，那惨烈的情景、遍地的尸体让他彻夜不眠。他能做的事只有奔走在商界联络正义人士，捐款捐物，送往前线。

1937年"八一三"淞沪会战爆发后，三才以更加高昂的斗志与他的同仁一次次来到前线，给驻守在浦东的炮兵送去船只、仪器，以及标示出日军兵舰方位的草图。在三才等人的帮助下，官兵们把大炮、弹药、仪器等装在民用木船上，加上伪装，隐藏在沟渠与竹林里。入夜，官兵们用小汽艇拖出这些木船，出其不意地攻击日军兵舰，屡屡得手，在一个多月里重创敌舰20余艘。

三才相当能干，哪儿告急他就去那里"灭火"。为了防止日军搜集铜币，就地制造子弹，中央银行抢先一步广收各种铜币，竟收集了几十吨。中央银行怕泄露消息，被日军知道造成损失。三才甘冒生命危险，与银行负责人一起秘密地把所有的铜币运出去，藏在法租界的北极冰箱公司的秘密仓库中，并派自己的亲信昼夜看守。另外，三才还曾与同仁多次参加袭击停泊在黄浦江上的日军航空母舰"出云号"，虽然没有成功，但受到了人们的赞扬，人们称赞他是商界中的抗日勇士。

2017年7月26—28日，上海《新民晚报》连载孙月红、陆宜泰文章《陈三才：刺杀汪精卫的上海实业家》（上）

2017年7月27日 星期四 责任编辑：郭 影 编辑邮箱：guoy@xmwb.com.cn

24

阅读

新民网：www.xinmin.cn 24小时读者热线：962555 读者来信：dzlx@xmwb.com.cn

新民晚报

陈三才：刺杀汪精卫的上海实业家（中）

◆ 孙月红 陆宜泰

暗埋炸药 意欲炸毁76号魔窟

1938年，国民党在上海的大批特工，不断刺杀汉奸和日本鬼子，使他们生活在恐惧之中。日本特务机关与汉奸在上海的极斯菲尔路76号（今万航渡路435号）也组建了一个特务组织，即汪伪特工总部，俗称“76号”。坐落在极斯菲尔路中段、钱家巷斜对面的“76号”，原本是国民党安徽省主席陈调元的花园洋房。

“76号”的特务疯狂搜捕抗日志士，继而运用各种酷刑，折磨和摧残共产党人和抗日志士。1939年12月12日晚，汪伪76号特务在职妇会所外暗杀女共产党员茅丽瑛，引起社会公愤。

这一切引起陈三才的义愤填膺，他痛恨日军侵略中国，更痛恨汪精卫等人迫害无辜，残杀抗日英雄，遂产生炸毁“76号”这座魔窟的想法。三才与同伴密谋了一个行动计划。再三商讨后，决定分头行动，一部分人负责购买炸药，并通过租界把炸药运进来；另一部分人负责把炸药埋在极斯菲尔路76号和74号之间的泥沟里。这两项工作都不容易做，稍有不慎，不仅炸不了76号魔窟，反而误了自己的性命。这次绝密行动中，三才除了资助行动经费外，还打通租界各个关节，确保炸药运送与掩埋成功。随后，三才还利用自己的富商身份，通过朋友的引荐，与“76号”第二处专员诸亚鹏搭上了关系，在觥筹交错中，摸清了“76号”内部的情况。

“76号”内部还真出了状况。因发生内讧，诸亚鹏被第二处处长马啸天喊去“谈话”。在“谈话”中，警觉的马啸天等人嗅出了异样的味道，为防万一，对“76号”加强了防卫。

此时，尚有一部分炸药没有运到，上海城里各处均戒备森严，因此，运送炸药就更加困难，雷管也还没有装上。此时，一般人已经无法接近“76号”了，致使三才等人炸毁“76号”魔窟的计划只得中止。

精心策划 刺杀汉奸汪精卫

爆炸计划虽然没有实现，但三才对日汪的愤恨与日俱增。三才想起中国有句老话，叫“擒贼先擒王”。他下决心除掉汪精卫。其实，自从汪精卫发表了那个臭名昭著的“艳电”后，三才就以汪精卫为敌了。既然炸不掉“76号”魔窟，那么我就杀死你汪贼。

陈三才开始周密地谋划了。他托朋友买来了威力巨大的穿甲枪弹，还有能发射子弹的拐杖。那段时间，三才神神秘秘，时而在商界谈事，时而与朋友相聚，时而跳舞唱歌，为的是打探汪精卫的行踪。可是，他却一直找不到接近汪精卫的机会。因此，他把穿甲枪弹藏匿在公司仓库的冰箱里，拐杖藏匿在家里，然后另想办法。

1939年4月，日本特务秘密护送汪精卫等人从河内乘船辗转进入上海，5月在上海组建伪中央政府。1940年3月30日，南京举行所谓“国民政府”还都仪式，正式成立傀儡政权。

陈三才想出了花钱买情报的办法。这一招还真灵。一个与三才有过一面之交、名叫伊万诺夫的白俄人向三才密报，身患肝病的汪精卫将去北四川路上的福民医院看病。这个医院虽是日本人开的，但有一个俄国女护士与他是好朋友，可以买通这个女护士对汪精卫下毒，毒死这个大汉奸。经过核实，这个白俄人说的是实话。

交易在福民医院附近的一家茶馆里悄悄地进行，白俄人开出了一个大价钱，三才不考虑多少报酬，只要保证谋杀成功，于是，一口价交易成功。两人商定，事前陈三才付三分之一定金，汪精卫入院后再付三分之一，暗杀成功后付清余款。

一切商定后，三才焦急地等待着汪精卫入住福民医院，并做着准备工作。三才他们把毒药的不同剂量在各种小动物身上进行试验，以确保有效毒死汪精卫。确定好毒药的剂量后，三才既焦急又亢奋，每天入睡前他都想象着中国的前途因汪精卫的死亡而变得光明，他希望汪精卫快点住进这家医院。

然而没有想到，汪精卫在入院的最后时刻改变了主意。原来是汪精卫的那个精明又跋扈的老婆陈璧君在最后时刻多疑起来，建议汪精卫改变就医计划。

汪精卫就此逃过一劫。

被人出卖 陈三才身陷囹圄

谋杀落空后的几天里，三才非常沮丧。就在三才重整旗鼓准备再干时，意外却发生了。

那个叫伊万诺夫的人与陈三才只是一面之交，他与三才合谋是出于交易而不是正义。现在交易没有成功，那个白俄人以为自己抓住了三才的把柄，掌握了三才的机密，就通过知情人找到了三才的公司，向三才索要一笔钱。

陈三才想息事宁人，就给了这个白俄人一笔钱。谁知这个白俄人是个贪得无厌的无赖，想以此继续敲诈三才，一次又一次地来到北极冰箱公司向三才“借”钱。三才很烦恼，他既想摆脱这个无赖，又想尽早地除掉汪精卫。所以，只得与这个白俄人周旋。此刻，三才的一个朋友跟三才说：香港抗日反汪的势力很强，你可以去香港找朋友，让他们来帮你，或许能打开一扇门。三才认为这是一个办法，于是就去了香港。先找到清华同窗好友刘驭万，又去见了东北的抗日志士，知道日寇在东北的罪恶行径后，三才更加愤怒。经朋友引荐，三才又会晤了国民党军统局副局长戴笠，他知道戴笠也在做着这方面的事情。

两人初见面，彼此不冷不热地交谈，三才感觉戴笠根本没把自己放在眼里。进一步交谈后，戴笠对三才来了兴趣。最后，戴笠对三才说：“我生平不佩服清华毕业生，也不佩服美国留学生，因为他们不肯革命。今日与你交谈后，改变了这个看法。对你，我是绝对佩服的，你的救国义举，让我改变了对清华留学生的看法。”

戴笠一直想刺杀汪精卫。1939年3月，他指使陈恭澍赴越南河内刺杀汪精卫，怎奈误杀了曾仲鸣。现在陈三才执意要杀掉汪精卫，与他的目标是一致的。陈三才无党无派，只是一个商界精英，但如果他能刺杀成功，戴笠也能向蒋介石交待了。所以，戴笠在佩服三才之余也想助他一臂之力。戴笠主动提出将那个白俄人弄到重庆，然后帮他办个护照借道香港去美国。为了尽快地除掉汪精卫，三才同意了这个方案。

陈三才回到上海后，继续寻找谋杀汪精卫的机会。与此同时，戴笠的人找到伊万诺夫，向他承诺，离开上海去重庆，然后替他办好护照，先去香港再去美国定居。为了让这个白俄人尽早离开上海，戴笠的人语中带着威胁，这就让白俄人感到恐惧了。继续索钱无望，还受到威胁，落到他们手里不知死活，不如先下手为强，卖了陈三才弄一笔钱后远走高飞。于是，伊万诺夫走进了“76号”魔窟，出卖了陈三才。

陈三才被捕了。时间是1940年7月9日上午。在他自己的车里，被“76号”特务押进了“76号”魔窟。一走进“76号”的大门，陈三才仰天长叹：“汪贼，我虽杀不了你，但终有一天你会被人杀掉的。”

三才被关进了一间牢房，没等坐稳，审讯就开始了。双方都心知肚明，审讯也直截了当：“陈先生，汪主席很开明，只要你说出同谋与后台，汪主席会免你一死。”三才说：“我没有同谋，就我一个人。凡有良知的中国人都想做我想做的事。”特务说：“你几次想谋杀汪主席，你一个人是做不了的，肯定有团伙，还有指使人。”三才说：“如果说有团伙，那就是全国民众。”说完这话，三才闭上了眼睛，不再答话。与其他被抓进“76号”魔窟的人一样，三才也受到了各种酷刑的折磨。可是，无论特务怎么刑讯，三才只有一句话：我没有同党，也没有指使人，就我一人干的。一周后，陈三才被押往南京。

2017年7月26—28日，上海《新民晚报》连载孙月红、陆宜泰文章《陈三才：刺杀汪精卫的上海实业家》（中）

2017年7月28日 星期五 责任编辑：郭 影 编辑邮箱：guoy@xmwb.com.cn

24 阅读

新民网：www.xinmin.cn 24小时读者热线：962555 读者来信：dzlx@xmwb.com.cn

新民晚报

陈三才：刺杀汪精卫的上海实业家（下）

◆ 孙月红 陆宜泰

大义凛然 严词痛斥汪精卫

一到南京，特务就将陈三才带到汪精卫的办公室。汪精卫迫不急待地想见见这位想杀自己的商界精英。汪精卫对三才说："陈先生，我深佩先生的学识，像你这样的清华留美学子，又事业有成，实乃国家栋梁。我国民政府刚刚成立，非常希望先生能加盟国民政府，电政司很需要你这样的人才，我可以委以重任。"

陈三才看着汪精卫那张伪善的脸，不屑地说："我不会与你同流合污的，我绝不会做汉奸的。"汪精卫做了一个遗憾的动作，接着说："我们不会做汉奸的事，在国军节节败退的情形下，不这么做，将会导致全局性的毁灭，因而我忍辱负重，一面合作一面对抗，曲线救国啊。我可以不计前嫌，只要你能说出同党，再写一纸悔过书，我马上释放你。"陈三才说："你这是狡辩。如果非让我说出同党，我告诉你，全国同胞皆是我的同党。"汪精卫站起来，说了声："来人。"陈三才被关进了监狱。

没几日，三才就与监狱的人混熟了。交谈中，他得知他的下铺是清华学校33级的校友，名叫徐文祺。三才觉得徐文祺倒是一个可以信赖的人，而且有希望被释放。他还不知道自己能不能活着走出这个监狱，所以，他想写几封信，让这位校友带出去。三才首先给前妻安妮·桑梅丝与儿子华伦写了信。信中，三才告诉前妻及儿子，他解押到南京后待遇好了，被摧残的身体慢慢恢复。在南京这段闲暇时，三才对自己作了"反省"：

"我差不多费了十三年的工夫来了解：一个人的幸福不在乎自己的所得，而在于为别人服务。愿上帝赐我恩惠，使我死心塌地有坚决的信心。希望我的性灵也能得到改善。《新约》我已读了好几遍，也学会祈祷，虽然我还没有成为一个真实信徒，至少已经接近基督的教义。比方说，我已经能抑制自己不去仇恨这次演成事变的人们，反而怜悯他们，认为他们的行为如果有罪将来自有公正的处罚。我是什么人，怎么配来裁判！一切事实也许都是上帝的旨意。如果南京之行，于我不利，正因为我过去生活的放荡而有应得之责罚。反而言之，若此行于我有利，那就许是上帝的旨意。无论如何我都无怨尤。"

信写后好，三才便交给徐文祺深藏。他知道，徐文祺只是得罪了一些当权的人，罪不致死，总有出狱之时，这些信便能带出监狱送达妻儿之手。

陈三才在狱中还写了一封信给儿子华伦与女儿华琼（梅琳）。信中，三才向儿子倾诉了自己的思念："大约两周前是你的生日，我整天都在想念你，我未能送给你我许诺的生日礼物，感到十分遗憾，但我希望不久能予以弥补，不管怎么说，我预料能在圣诞节前见到你，你至少能收到我的圣诞礼物。"这两封信都是用英文写的。

汪逆下令 壮士血洒雨花台

陈三才入狱的消息传出后，清华同学会、中国工程师学会、三才的亲属，以及三才在美国的同学、时任上海联合广告公司经理的陆梅僧、大夏大学理学院院长邵家麟等人都在积极地营救。

在当时的上海滩，三才已是著名的实业家，对于陈三才的处置，汪伪政府的高层也是意见不一。汪伪政府三号人物周佛海、76号特工总部副主任李士群都不赞成判陈三才死罪，建议判刑即可。汪精卫忙于"归都"南京，无暇顾及陈三才的审判。但汪精卫的那个飞扬跋扈的老婆陈璧君，却非要杀掉陈三才。陈三才的家属找到了汪伪幕僚、汪精卫的连襟褚民谊，褚在得到大笔钱物后，同意为三才说情。于是，褚民谊来到颐和路34号面见汪精卫。在谈完其他事后，褚说起了陈三才一案，请汪精卫网开一面，放过陈三才。

此刻，汪精卫已下决心杀掉陈三才，便严词拒绝了褚民谊，并在李士群给他的报告上用红笔写下了四个字："着即枪决"。

此时，南京已入深秋，万物开始凋零，一场接一场的秋雨使得满世界都显出凛冽的肃杀之气。但是，三才深信中国人民的抗战一定会胜利。他对于死亡，已经无所畏惧。

1940年10月2日，凌晨。陈三才被狱卒的尖叫声惊醒，听到了对自己死刑的宣判。他非常坦然。他知道，自己做的事情是一件伟大的事情，是代表了全中国同胞的心愿。虽然他失败了，但他会被人们记住的。因此，当天下午2时许，陈三才被押往雨花台刑场时，身体显得是那样的挺拔威武，面部表情显得淡然沉静。载着陈三才的囚车一直将他带到雨花台山岗的东边。他下车后，看着远方深邃碧蓝的天空，昂首挺胸，显得更加高大。一阵枪声后，这位39岁的清华学子、商界精英倒在了雨花台这片血染的土地上。

两天后的10月4日，上海《申报》刊登了陈三才被枪决的消息。

消息一出，陈三才的亲属与好友都惊呆了。他们尽了全力，以为不久将能迎接三才出狱，谁知等来的是噩耗。三才的三姐陈定志，表嫂汤杨锡琳、汤美丽母女哭得昏天黑地，她们不能接受这个事实。当日，她们身着玄衣，赶到南京为三才收尸。见到三才的遗体，她们更是伏尸恸哭，哀痛至极。然后，她们连夜将三才的遗体运回上海。

她们为三才在上海静安寺路万国坟园里选择了一方墓地。陈三才的亲属与朋友参加了三才的入葬仪式。前妻安妮·桑梅丝与现任丈夫也从香港赶来上海。

陈三才入葬后不久，狱友徐文祺托同学黄开平从狱中秘密地带出了陈三才的两封英文遗书。除了给前妻安妮·桑梅丝与儿女的信外，还有一封是给表侄女汤靖宇（汤美丽）的。

陈三才的死也震动了重庆国民政府。一年多后的1942年2月1日，各界人士在重庆夫子池新运模范区忠义堂，举行了陈三才烈士的追悼大会。追悼大会由重庆清华同学会、联青会、中国工程师学会等社会团体，以及黄炎培、顾毓琇、吴国桢、陈立夫等41人于四天前的1月28日发起的。

1月28日的《新华日报》报道说："陈三才烈士为沪上名工程师，前以谋刺汪逆不幸事泄被害，中国工程师学会、清华同学会等团体及各界人士，拟联合举行追悼会。陈烈士江苏吴县人，曾肄业清华大学，后留学伍斯特大学习电机科。一二八之役，烈士以技术助抗日军种种工事设备，后秘密参加沪上救亡工作。汪贼被河内烈士狙击未中，乃集沪上爱国分子，谋再投博浪锥，不幸事泄被捕。贼亲审时，烈士詈曰余与尔无私怨，欲诛国贼耳。遂从容就义，时二十九年十月二日，其地则南京雨花台也，年三十有九。"

追悼会上，冯玉祥盛赞三才所为是爱国义举。黄炎培先生还朗诵了他撰写的悼诗《陈三才》。诗中赞扬三才"一击不中骤全功，壮哉三才人中龙"，"呜乎杀贼不成兮，君当为鬼雄"。三才活着是"人中龙"，死后也是"鬼雄"。蒋介石也为陈三才写了"烈并常山"的挽辞。

两个月后的1942年4月，清华大学的梅贻琦校长在著文表彰清华英烈时提到："校友陈三才君为国牺牲……我校校友于抗战年月内杀身成仁者，以陈君为最著，也以陈为最惨，今后应如何于文字上及事业上纪念陈君，永垂久远……"郑振铎先生更是盛赞三才是上海汪伪统治时期"孤岛"中的"砥柱人物"。抗战胜利后的1945年10月2日下午4时半，联青社、仁社、北极公司、中国通惠机器公司在上海衡山路53号美国礼拜堂（今上海国际礼拜堂）举行陈三才烈士追悼会，同窗好友顾毓琇先生致悼词，丁光训牧师祈祷。2001年4月29日，清华大学90周年校庆时，陈三才的名字被刻入"祖国儿女清华英烈"纪念碑。纪念碑上刻着"在民族独立和人民解放斗争中献身的清华英烈永垂不朽！"43名英烈中，陈三才名列第五位。2014年12月8日，江苏省民政厅认定陈三才为烈士。

（摘自《上海滩》2017年第2期、第3期）

2017年7月26—28日，上海《新民晚报》连载孙月红、陆宜泰文章《陈三才：刺杀汪精卫的上海实业家》（下）

·人物-历史·　2017.10.20 42-22

陈三才：刺杀汪精卫的上海实业家

1940年的夏天，上海实业家陈三才的一次刺杀未遂，再次让汪精卫侥幸逃脱。陈三才是清华留美学子，又是上海的商界精英，他为什么要冒着生命危险去刺杀汪精卫呢？

清华学子

"五四运动"当先锋

1902年8月4日，陈三才出生于江南古镇陈墓（今江苏昆山锦溪）。陈家是当地有名的士绅之家，陈三才的父亲陈文海是光绪庚子恩贡，饱读经书。陈三才是陈文海的第五子，很小就被父亲送入私塾。举家迁到苏州后，他被送进苏州元和高等小学读书。陈三才很聪明，极具才情，他喜欢体育运动，对各种球类尤感兴趣，对音乐也极有天赋，喜欢摆弄乐器，吹拉弹唱样样精通。

1913年，陈三才入苏州草桥中学读书。1916年，15岁的他以优异的成绩被保送进了北京清华学校（清华大学前身）留美部中等科学习。在陈三才毕业的前一年，北京发生了"五四运动"。1919年5月7日，清华学校代表团正式成立，组织救国团和宣传队准备进城演讲。陈三才首先报名，被编入宣传队。

1920年夏，陈三才以优秀的成绩毕业于清华学校庚申级中等科。

沪上创业

将空调引入上海滩

1920年8月13日，陈三才启程赴美，来到马萨诸塞州伍斯特理工学院攻读电气工程科。1924年硕士毕业后，他进入了当时美国著名的匹兹堡威斯特浩斯电气制造公司，后到纽约的威斯汀浩斯公司工作。

1926年年底，陈三才怀着实业救国的梦想回到祖国。他选择了上海作为事业的基地，与美国工程师汉布尔敦一起创办公司。经过一段时间的筹备，上海滩第一家冰箱公司"美商北极公司"正式成立。公司除了专销美国"弗里吉代尔"牌制冷产品，还经营着冰箱、制冰机器、电气风扇、空气调节器等电器设备。不久，陈三才被推选为上海青联社社长、上海清华同学会会长。

淞沪抗战

用技术打击日军

1932年1月28日晚，日军突然向上海闸北的国民党第十九路军发起攻击。上海各界纷纷行动，支持十九路军。陈三才以上海青联社社长和中国工程师学会会员的名义，和同仁赶赴闸北，那里有中国军队的一个团和一个宪兵团在与日军作战。陈三才对阵地上的最高长官——一名副团长说，我们是工程师，想用技术参加抗战。经副团长同意，陈三才带着工程师们奔赴指定地段，根据地形一边画草图一边垒起草包。就在第一道防线告急时，陈三才与官兵们构筑的第二道防线即时派上了用场。从阵地上下来后，陈三才奔走在商界联络正义人士，捐款捐物。

1937年"八一三"淞沪会战爆发后，陈三才以更加高昂的斗志与同仁一次次来到前线，给驻守在浦东的炮兵送去船只、仪器及标示出日军兵舰方位的草图。在陈三才等人的帮助下，官兵们出其不意地攻击日军兵舰，在一个多月里重创敌舰20余艘。为防止日军搜集铜币，就地制造子弹，中央银行抢先一步广收各种铜币，竟收集了几十吨。陈三才甘冒生命危险，把所有铜币藏到法租界的北极冰箱公司的秘密仓库中。人们称赞他是商界中的抗日勇士。

暗埋炸药

欲炸毁76号魔窟

1938年，日本特务机关与汉奸在上海的极斯菲尔路76号（今万航渡路435号）组建了一个特务组织，即汪伪特工总部，俗称"76号"，疯狂搜捕抗日志士。

陈三才义愤填膺，产生了炸毁"76号"这座魔窟的想法。陈三才与同伴商讨后，决定分头行动，一部分人负责购买炸药；另一部分人负责把炸药埋在极斯菲尔路76号和74号之间的泥沟里。随后，陈三才通过朋友引荐，与"76号"第二处专员诸亚鹏搭上关系，摸清了"76号"内部的情况。

因"76号"内部发生内讧，诸亚鹏被第二处处长马啸天喊去"谈话"。在"谈话"中，马啸天等人嗅出了异样的味道，对"76号"加强了防卫，炸毁"76号"魔窟的计划只得中止。

精心策划

刺杀汉奸汪精卫

爆炸计划虽没有实现，但陈三才对日汪的愤恨与日俱增，他下决心除掉汪精卫。

陈三才托朋友买来了威力巨大的穿甲枪弹，还有能发射子弹的拐杖。那段时间，他时而在商界谈事，时而与朋友相聚，时而跳舞唱歌，为的就是打探汪精卫的行踪。

1939年4月，日本特务秘密护送汪精卫等人从河内乘船辗转进入上海，5月在上海组建伪中央政府。1940年3月30日，南京举行所谓"国民政府"还都仪式，正式成立傀儡政权。

陈三才想出了花钱买情报的办法。一个名叫伊万诺夫的白俄人密报，身患肝病的汪精卫将去北四川路上的福民医院看病，这个医院的一个俄国女护士与他是好朋友，可以买通她对汪精卫下毒。伊万诺夫开出了一个大价钱，两人商定事前付1/3定金，汪精卫入院后再付1/3，暗杀成功后付清余款。然而，汪精卫在入院的最后时刻改变了主意，逃过一劫。

被人出卖

壮士血洒雨花台

交易没有成功，伊万诺夫以为自己抓住了陈三才的把柄，三番两次地敲诈陈三才。听从朋友的建议，陈三才去了抗日反汪势力很强的香港，会晤了国民党军统局副局长戴笠。戴笠一直想刺杀汪精卫，陈三才与他的目标是一致的。所以，戴笠决定助陈三才一臂之力，主动提出将白俄人弄到重庆，然后借道香港送他去美国。

陈三才回到上海后，继续寻找刺杀汪精卫的机会。与此同时，戴笠的人找到伊万诺夫，语带威胁。伊万诺夫见继续索钱无望，还受到威胁，便先下手为强，走进"76号"魔窟，出卖了陈三才。

1940年7月9日上午，陈三才被捕了，受到各种酷刑的折磨，可他只有一句话：我没有同党，也没有指使人。一周后，陈三才被押往南京。一到南京，特务就将陈三才带到了汪精卫的办公室。汪精卫对陈三才说："我深佩先生的学识，国民政府刚刚成立，非常希望先生能够加盟，我必委以重任。"陈三才看着汪精卫那张伪善的脸，不屑地说："我不会与你同流合污，我绝不会做汉奸！"

1940年10月2日下午2时许，陈三才被押往雨花台刑场。一阵枪声后，这位39岁的清华学子、商界精英倒在了雨花台这片血染的土地上。在陈三才的追悼会上，冯玉祥盛赞其所为是爱国义举，蒋介石也为陈三才写了"烈并常山"的挽辞。

2014年12月8日，江苏省民政厅认定陈三才为烈士。（《上海滩》孙月红 陆宜泰 文）

2017年10月20日，《文摘旬刊》"人物—历史版"转载孙月红、陆宜泰文章《陈三才：刺杀汪精卫的上海实业家》

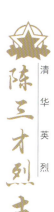

中国教育电视台

播出证明

2016年10月2日、3日、4日，中国教育电视台一频道播出由中共昆山市委党史研究室出品的纪录片《清华英烈陈三才》、《鹰击长空陈华薰》，节目为日播节目，共两集，播出时间为每天1集，每集时长30分钟。

特此证明。

中国教育电视台总编室

2016年10月18日

2016年10月2—4日，中国教育电视台一套连续在黄金时段播放陈三才、陈华薰两位烈士的专题电视片（证明文本）

2015年拍摄的《清华英烈陈三才》专题片有关镜头

扬子晚报　2017年2月7日　星期二　编辑：臧磊　版面：盛慧梅　校对：涂元新　王瑾　专副刊部：E-mail：yzwbfkb@126.com　电话：025-58681270

人物·揭秘　B7

三起鲜为人知的刺汪未遂案

1935年11月1日和1939年3月30日，汪精卫在南京及河内两地遇刺事件，许多人都很熟悉。但还有另外三起刺汪未遂案，恐怕了解的人就不多了。

黄逸光被押赴雨花台执行枪决，临刑时题句云：“可爱的中华，我愿为你歌唱，我愿为你而死。”

假投敌真行刺

汪精卫投敌叛国，爱国之士皆欲诛之。这里介绍的第一位刺汪义士叫戴星炳。

戴是湖南湘潭人，时任国民政府军事委员会少将参议。1939年11月，他在中央党政训练班受训时，遇见了阔别多年的同窗学友、军统特工吴赓恕。二人相逢，侃谈国事，均激愤于汪伪腼颜事敌、出卖民族。言谈中，戴星炳提到汪精卫亲信陈石生曾邀请其投汪一事时，吴赓恕立即感到，这是一个打入汪伪内部、刺杀汪精卫的难得机会，遂携戴一同往见戴笠，密议锄奸计划，经过一番周密筹划，戴星炳与吴赓恕被派往南京诈降。

二人到达南京后，由戴星炳出面，很顺利地与陈石生联系上了。陈非常高兴，对戴的此行深信不疑，很快带他去见了汪精卫，汪精卫任命戴星炳为“社会事业专门委员会”委员。取得了汪的信任后，戴星炳却求事心切，不断向陈石生探询汪精卫的起居作息，这就引起了陈石生的怀疑。陈及时向汪作了汇报，于是汪伪特工不露声色暗中进行了严密的布控，监视戴的一举一动。

正在此时，戴星炳的妻子来到南京，这本来是取得汪逆信任之举。然而，不幸的是，她在与陈石生之妻应酬之中，竟不慎露了口风，汪伪特工们抓住了破绽，以此为突破口，穷追猛逼，终于问出真相，结果戴星炳与吴赓恕双双被捕，汪精卫异常恼怒，下令将二人枪毙。

陈定达收买白俄人

1940年10月2日，又一位刺汪义士不幸事泄被捕，并很快在雨花台遇难。

这位义士叫陈定达，江苏吴县人，原是留美学生，后来经商，是上海静安寺路（南京西路）北极电气公司的总经理。陈定达目睹山河破碎，人民涂炭，痛恨汪精卫卖国求荣，决心为国锄奸。于是他倾其家产广征线索。有一次在一个偶然的场合，他发现曾任过自己保镖的一个白俄人，当时正在汪伪特工总部“76”号供职，觉得这倒是一个机会，便试探着去做此人的工作，晓以大义，又许以重金，鼓动他除掉汪精卫，并承诺事成后还另有重赏。

然而，令陈定达万万没料到的是，这个白俄人在拿到巨款后，竟又昧着天良，向“76号”告发了陈定达，陈措手不及，很快被捕，并被押往南京。

汪精卫对刺杀他的人恨之入骨，只要是抓到了，不管是否有行动，立即处死。但他见陈定达非政治特工人员，而是一位颇有名气的实业专门人才，便企图软化和收买他，使其为自己效力。于是他亲自出马劝降，并诱导陈定达说出谋刺汪由谁主使，陈定达大义凛然地说：“国贼人人得而诛之，何须他人指使！”汪精卫恼羞成怒，即下令对陈定达实行枪决。陈定达时年38岁。蒋介石颁发了“烈并常山”的挽额，表彰他的义举。

黄逸光不幸遇难

陈定达就义两个多月后，南京又发生了一起刺汪事件。刺客叫黄逸光。黄是广东赤溪人，长得异常粗壮，而且力大如牛，曾经在马来西亚的山林里用双手掐死一头老虎。抗战爆发前，他曾经组织过一支徒步旅行团，自任团长。当旅行团到达南京时，受到当时任行政院院长的汪精卫的接见。并且二人一同在行政院大门前合影留念。

汪投敌后，黄逸光任职于昆明航校，又是军统特工。这天，门卫向汪精卫报告，说有一黄姓广东人求见，他手中还有与汪合影的照片，汪仿佛还记得黄的形象，便吩咐手下将其安置在大行宫的中央饭店等待召见。正在此时，汪却收到“76号”头目李士群急电：根据内线密报，有两个军统特工乔装成平民去南京求见汪精卫，实为行刺。并且还提到内中一人当年曾做过徒步旅行团的团长。汪精卫大吃一惊，顿时吓得一身冷汗，眼下那位与自己合过影的广东人，不正是当年旅行团团长吗！汪伪特工立即秘密探寻，结果在中央饭店304号房间发现除黄逸光之外还有一个人，登记簿上署名是黄征夫。这和密报中提到的戴笠派出两个人相吻合了。

于是，这个汪伪密探又乘黄逸光、黄征夫外出之际，进入房内搜查，结果在橱内的衣服口袋里发现了四寸手枪一支，李士群当即下令迅速抓捕“二黄”，并要求抓活的。执行这项任务的马啸天心中却有几分怵意，因为他闻知黄逸光曾经赤手空拳打死过猛虎。现在却要活捉他，谈何容易？经过一番反复思考，他请来了上海武术高手王霖，王霖不仅武功超群，而且臂力过人，曾在上海大世界的擂台上连挫九名高手，李士群采用江湖拜把子那一套，将其收罗到门下。

这天夜里，马啸天与王霖，还有六名特务，直扑中央饭店，突然破门而入，扑向已脱衣躺下、毫无防备的二黄，黄逸光凭着自己的力气，奋力推开两名压上来的特务，起身跳下，但他的武功不及王霖，几个回合下来，处于下风，其他特务再度扑上，将黄擒住了。另有两名特务扑向黄征夫，也将黄征夫按倒逮住。黄逸光被押赴雨花台执行枪决，临刑时题句云：“可爱的中华，我愿为你歌唱，我愿为你而死。”

虽然汪精卫逃脱了几次刺杀，但最终还是逃脱不了惩罚。1943年8月，汪精卫1935年遇刺时留在胸背部的子弹开始发挥作用，弹头的铅毒逐渐渗入脊椎骨髓，南京的日军陆军医院为他施行手术，不料病势不但未见减轻，反而加重了，复被送往日本治疗，终于在1944年11月10日命丧异国。

赵子云（据《团结报》）

2017年2月7日《扬子晚报》刊登记叙陈三才的文章《三起鲜为人知的刺汪未遂案》

划过天空的流星

——清华英烈陈三才

韩树俊

昆山，苏州，北京，美国伍斯特市，上海，南京
三十八载生命轨迹　每一个点都
闪耀着光芒
短暂的生命　流星一般
划过天空　你的名字
镌刻在清华英烈纪念碑

锦溪，长埭廊河水流不息

昆山锦溪，江南水怀抱的一方宝地
宋孝宗携陈妃抵达，陈妃执意留下

直至病逝，葬身于此，陈墓
是你曾经的名字
太湖，阳澄湖，淀山湖　流经你
四面八方的经脉，汇入
锦溪市河、长埭廊河

苏州葑门外第一家陈府敦和里
后门的河埠头缓缓流过长埭廊河水
滋润了童年三才
成就了少年三才夏日戏水的畅游和搏击
天才，地才，人才，“三才”
凝聚了父辈的厚望
按“其文定华国，维德可安邦”的辈序
取名定达
是否喻示目标定要抵达的鸿鹄之志
吮吸着长埭廊河水长大的三才
按着自己定下的目标
抵达生命终点死而无悔

你离开了敦和里再没有回来
直到烈士魂归故里
陈三才烈士纪念馆的瞻仰者
络绎不绝
长埭廊河水日夜不息的拍岸声
是对英烈永久的怀念

苏州，颜家巷里书声朗朗

曾祖父清道光乙酉科举人
祖父新阳廪贡生
父亲光绪庚子恩贡
颜家巷书香陈家从陈墓迁入

同辈中大哥三哥留学日本
长二岁的侄子保送清华
与同岁的四侄约定同考清华
少年三才鸿鹄之志

草桥中学，当时的省立二中
迎来了元和高小优秀毕业生陈三才
三年后，十五岁的少年三才，成了
清华留学部中等科的保送生
第二年，四侄也踏进了清华
颜家巷里，一门清华三学子，苏城的佳话

北京，清华园里精英荟萃

清华园里的陈三才
学业的尖子，文体舞台的台柱子
自编自导应景小剧、英语说唱
校军乐队鼓手、校足球队主力
柔软健身操炉火纯青
年级史编辑文采斐然

五四运动，城内学生聚集天安门广场
僻处西郊的清华6日全校罢课
陈三才编入宣传队
“国耻纪念会”，数千学生
庄严宣誓——
“清华学生，从今以后，愿
牺牲生命，保护
中华民国人民土地权。”
你手挥小彩旗，行走在
游行的队伍中
“外争国权，内惩国贼”
你高呼的口号声响彻云霄

1920年夏，一个仿古计时器——日晷
安放在清华大礼堂前 大草坪南
陈三才所在的庚申级 毕业生给母校的
毕业献礼，用中文和拉丁文镌刻的铭文
“行胜于言” 成了三才
一生的座右铭

美国，伍斯特市为你骄傲

伍斯特理工学院，电气工程科
学院工学会、电工学会、科学会
东方学子陈三才一人加入三学会
担任教授的业余助理研究员
为爱因斯坦理论研究会
做出努力，获得导师的
赞许

绿茵场上
活跃着足球队长陈三才的身影
网球场上
作为学院网球单打冠军任职网球队长
这是不二的选择

1924年6月6日，伍斯特理工学院
第十四届毕业典礼，陈三才获得
硕士学位
匹兹堡威斯特浩斯电气制造公司
走进了一位华人硕士员工
纽约威斯特浩斯公司
美国顶级公司留下了陈三才的员工席
在二十年代的美国
留下了一位华人电气制冷工程青年硕士生
考察的足迹
考察美国各地社会经济以及电气制冷企业的
先进产品和市场前景
二十年代的陈三才　就为
发展民族经济　报效祖国
身体力行，行胜于言

上海，十里洋场伟绩长存

1926年底，上海冬日的风 撩开
三才敞开的风衣 美商北极公司
在静安寺路挂牌 制造经营

空调、冰箱、自动加煤器、电器风扇
陈三才出任总经理、副总裁
把三十年代大上海的电器与制冷企业 做得
风生水起生意火红

北极公司的空调 装进了
祁齐路宋子文寓所 南京路
沙利文西菜馆 装进了
国泰、沪光、平安、新华影剧院

参与慈善事业、社团活动
你要用冷藏仓储技术
为这个农业大国饥荒大国储藏粮食
你试想火车上安装冷藏
把北方草原的牛羊肉畅销南方
你与四川实业巨子磋商在轮船上添装冷气仓库

你也曾经有美好的爱情与婚姻
姣美、聪颖的美国女子安妮·桑梅丝
美国著名舞蹈艺术家
曾经是你的爱妻
你们在上海滩名流派对舞会出双入对 诠释了
中西合璧的郎才女貌
尽管最终分手 分手后的陈三才 依然深爱
一双儿女

十里洋场，尽展青年才俊的英姿
淞沪战场，奔忙着工程师的身影
1932年1月28日，日寇攻占上海
以上海青联社社长和中国工程师学会会员名义
你请命国民党十九路军前沿指挥官
工程师当起了工程兵的指挥官
筑防线，建工事，捐钱捐物，支援前线
船只、仪器，标示着敌军兵舰 直送前线
将银行铜币藏进法租界北极公司秘密仓库

“76号魔窟”，镀锌铁皮包裹的大门

乌黑，阴森，汪伪特工魔巢
多少无辜者惨死其间
怒火填膺的你与人密谋炸毁“76号”
一介儒生在国难当头时的血脉喷张
购买炸药，偷运，埋入76号和74号之间的泥沟
终因“76号”内讧，加强防守，爆炸76号行动流产

你将锄奸的目标锁定国贼汪精卫
发誓不杀汪贼，誓不为人
穿甲枪，能发射子弹的拐杖，一应秘购就绪
花钱买线索，通过白俄伊万诺夫 让
给汪贼打针的白俄女护士下手
配制毒药 小动物注射试验
愤怒的火焰凝聚在一针针试剂中

事变，逆转，伊万诺夫出卖了你
暗杀计划破灭，1940年7月9日
关押在“76号”魔窟的你
再也没有踏上上海滩的街头
悬吊，肉刑，皮鞭，老虎凳，灌辣椒水
陈三才只有一句话
汪贼投日求荣，亡我中华，罪该万死

南京，雨花台前血泪仇恨

1940年7月17日，你被
秘密押解南京
汪精卫办公室，戒备森严，汪精卫
亲自提审：我可委你电政司重任
陈三才嗤之以鼻 你休想我与你同流合污
汝辈汉奸出卖祖国，出卖民族
人人得而诛之
今唯求速死而已

1940年10月2日下午二时，南京雨花台
陈三才殉难，三十九岁的
陈三才倒在乱山岗上

血染的山石让这个悲秋更显萧瑟
三十八载生命轨迹 闪耀着
最后滴血的鲜红

尾 声

1942年2月1日，重庆，公祭
冯玉祥演讲盛赞陈三才爱国义举
黄炎培朗诵悼诗《陈三才》
蒋中正在官邸，在铺开的宣纸上挥毫
“烈并常山”力透纸背

清华大学校长梅贻琦著文
“纪念陈君，永垂久远……”
郑振铎撰文《记陈三才》
“战争使社会的渣滓们沉沦下去
而使清醒分子浮现了出来
虽然那些清醒分子牺牲、被杀害了不少
而留下来的却都是建国之宝”

英烈魂归故里
费孝通题写
“陈三才烈士纪念馆”

2000年，百岁老人顾毓琇题诗
“赫赫精忠事可传……陈氏三才志节坚”

清华大学，清华英烈纪念碑
陈定达，你的学名 永留
清华史册

【作者简介】

韩树俊，江苏省作家协会会员，苏州高新区作家协会副主席，中国教育电视台播放的纪录片《清华英烈陈三才》《鹰击长空陈华薰》艺术顾问。

鹰击长空

陈华薰烈士

陈华薰烈士

（1923 .05 — 1945.01）

陈华薰烈士生平简介

陆宜泰

陈华薰（1923.5.12—1945.1.5），陈墓镇（现江苏昆山市锦溪镇）人。出生于书香门第，父亲陈定谟、母亲杨玉洁青年时代都是五四运动的先锋。陈华薰少年起，先后随父母在厦门、广州、香港等地读书。1941年，云南楚雄中学毕业后，即考入昆明中法大学物理系。1942年，抗日战争进入非常艰危的阶段，当年18岁的他毅然投笔从戎，考入中国空军军官学校，录取为15期驱逐机班学员，1942年10月，被选送到美国深造。

1943年12月16日，陈华薰以优异成绩毕业于美国亚利桑那州菲尼克斯洛克基地高级驱逐机飞行学院。1944年回国后，被分配到美国陆军第十四航空队中美混合联队（“飞虎队”）第三大队第三十二中队第八分队任少尉三级飞行员。先派驻四川新津空军基地，后又在四川梁山等空军基地投入抗日战争，出征频繁，屡建战功。

1945年1月5日，第十四航空队中美空军混合团第一驱逐机大队，出动战斗机29架，出击汉口及武昌日军机场，与敌机遭遇，当场击落敌机10架，又轮番俯冲扫射投弹，炸毁地面敌机多架。陈华薰驾“飞虎队”主力战机P-40机675号，冒着地面日军猛烈的炮火，低空俯冲往返扫射八次，最后不幸被日军高射炮射中，壮烈殉国，英年23岁，追赠中尉军衔。

其事迹载入《航空英烈册》第三编第491页。1988年，国家民政部颁发革命烈士证明书，追认陈华薰为革命烈士。烈士生前容貌英俊，性情活泼，平易近人，广交朋友，善言谈，富幽默感。遗一女儿，名国训。

一、投笔从戎志抗日

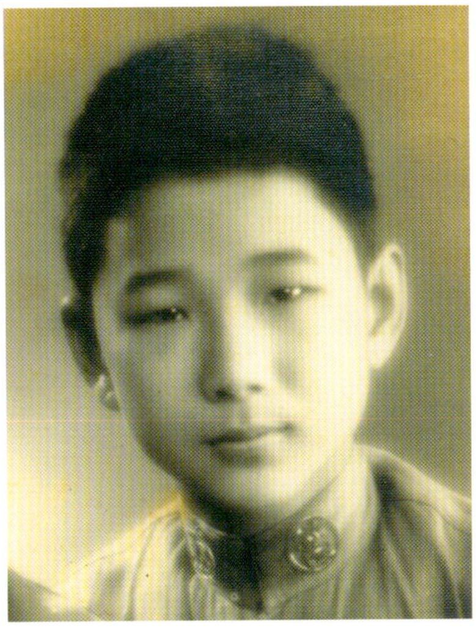

少年陈华薰

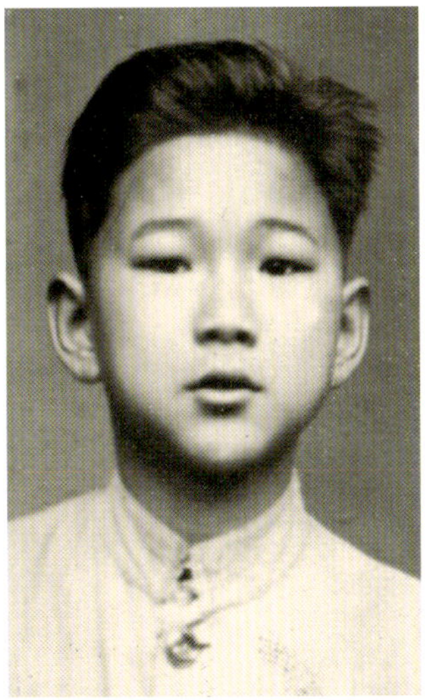

陈华薰在厦门集美中学读书时

陈华薰在香港三育研究社时，步入了高中阶段的学习

陈华薰（右）在云南楚雄中学读书时与同学合影

1939年在香港九龙五兄弟合影，前右华越、左华南，后右华元、中华薰、左华镇

陈华薰在昆明中法大学时的留影

刚考入中国空军航校时的陈华熏

空军中尉陈华熏

初入伍时的陈华熏

陈华熏在美国训练基地留影

陈华熏在美国受训时留影，这套军服是专为中美混合联队中国飞行员设计的

陈华薰在美国遥望祖国，思念亲人

陈华薰在美国受训时留影，这套军服是专为在美国受训的中美混合联队中国飞行员设计的

1943年，中国空军第六批留美人员合影，第一排左三为陈华薰

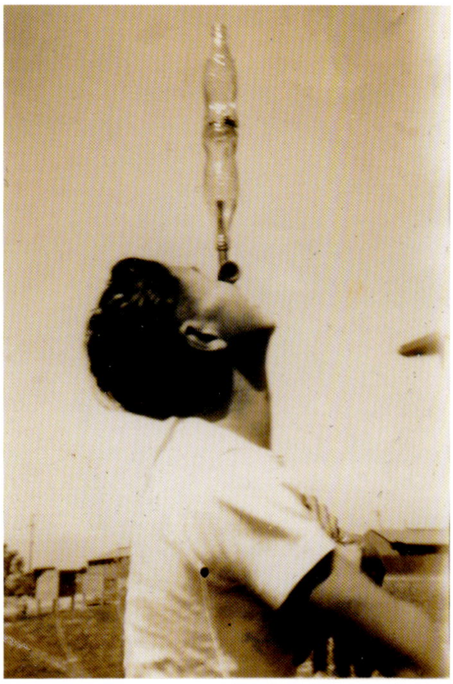

陈华薰训练课余为战友们表演杂技，赢得了大家一致喝彩

陈华薰在美国受训时摄于飞机上

陈华薰仰天向晴空呼唤

陈华薰在美国认真地训练

History of
Sixth Chinese Detachment

Out of 108 volunteers from the 15th Aviation class of the Chinese Air Force Cadet School, 64 passed the physical and mental tests and were chosen to form the SIXTH CHINESE DETACHMENT. These cadets had their pre-flight training in Kunming and then went to Iping Szechuan (on the Ming River above Chungking) for their Primary training. They received their necessary passports, innoculations and vaccinations and became acquainted with the returned members of previous Chinese Detachments. Thus they left China with a great enthusiasm for the future before them.

They arrived in New York on April 10, 1943, and had their first glimpse of the United States of America. They crossed New York in two busses to the Pennsylvania Railroad Station and caught the evening train to St. Louis, where they had a three-hour lay-over and hired taxis and cruised around the city. They made several stops on their way but these were uneventful.

Upon arriving at Chandler, Ariz., they were taken by truck to Williams Field and to the quarters prepared for them. Here, during their five-weeks course in preflight, it was suggested that their sense of speed and distance could be improved by driving cars. This plan was approved but not used on the SIXTH DETACHMENT.

After preflight, they were sent to Thunderbird Field for their Primary training. They all completed the nine-weeks course and moved on to Marana for Basic. The Cadets liked Marana as they often had Chinese food at mess.

Twenty-one of the original sixty-four cadets arrived at Luke Field where they were to receive their advanced training. Now that training is practically over and these Chinese boys shall soon graduate from an American Pilot Training School. This is the spirit of the United Nations.

LAKE ARMY AIR FIELD驱逐机高级班 43-K（1943年）毕业纪念册（左四为陈华薰）

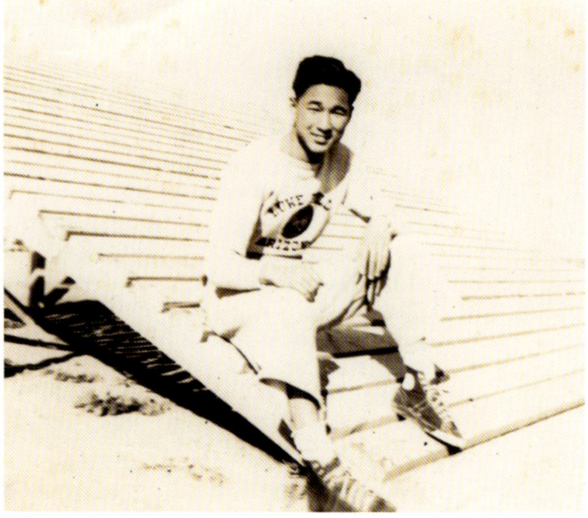

陈华薰在美国受训时摄于训练基地

陈华薰在运动场锻炼身体

陈华薰（左二）与同学和美国教官在PT-17教练机前合影

陈华薰在美国受训时（第三排右一）与同学和美国教官在训练基地合影

陈华薰（左一）在美国受训时，假日常有当地华人来约他一起外出游玩。照片中，可见他的胸前有一撮胸毛。在一次飞行训练中，机头马达着火，飞行衣被点燃，这种情况下，为保证飞行员的安全是完全可以容许弃机跳伞的，而陈华薰却驾机返航迫降，救火车及时赶到，保住了一架飞机。他受到表彰，并获得3天假，可他的胸毛被烧掉了

陈华薰在印度训练基地宿舍前留影

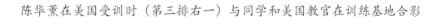

中国空军军官学校第十五期结业典礼合影（第二排右三为陈华薰）

1943年11月底，蒋介石途经印度卡拉齐慰问中美联队受训成员（第二排左二陈华薰、左三葛希韶）

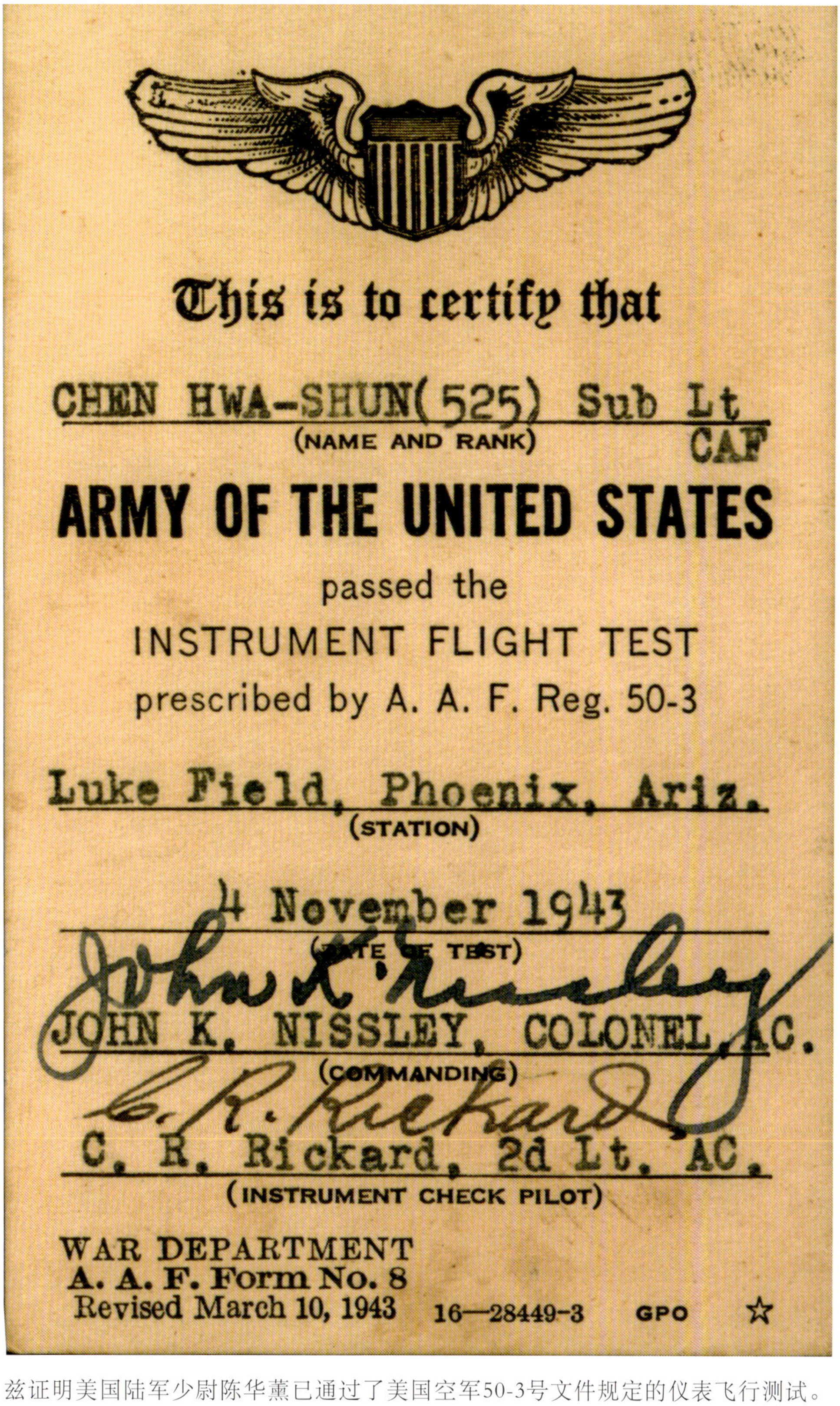

This is to certify that

CHEN HWA-SHUN(525) Sub Lt
(NAME AND RANK) CAF

ARMY OF THE UNITED STATES

passed the

INSTRUMENT FLIGHT TEST

prescribed by A. A. F. Reg. 50-3

Luke Field, Phoenix, Ariz.
(STATION)

4 November 1943
(DATE OF TEST)

John K. Nissley
JOHN K. NISSLEY, COLONEL, AC.
(COMMANDING)

C. R. Rickard
C. R. Rickard, 2d Lt. AC.
(INSTRUMENT CHECK PILOT)

WAR DEPARTMENT
A. A. F. Form No. 8
Revised March 10, 1943 16—28449-3 GPO ☆

兹证明美国陆军少尉陈华薰已通过了美国空军50-3号文件规定的仪表飞行测试。1943年11月4日。亚利桑那州凤凰城路克菲尔德航空站。司令员约翰尼斯雷上校（签名）。仪表检验飞行员美国空军少尉理卡德（签名）

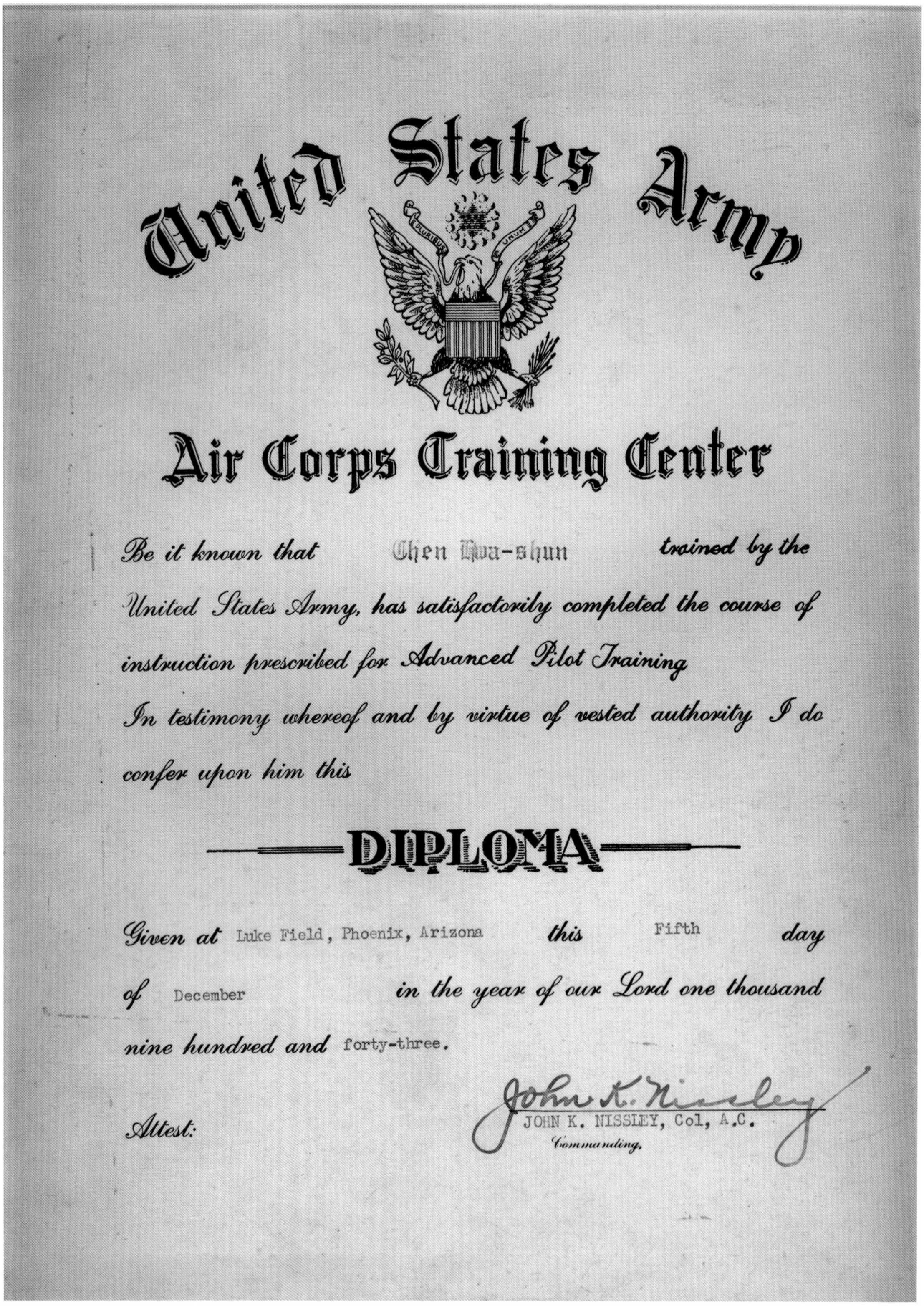

United States Army

Air Corps Training Center

Be it known that Chen Hwa-shun trained by the United States Army, has satisfactorily completed the course of instruction prescribed for Advanced Pilot Training

In testimony whereof and by virtue of vested authority I do confer upon him this

DIPLOMA

Given at Luke Field, Phoenix, Arizona this Fifth day of December in the year of our Lord one thousand nine hundred and forty-three.

Attest:

John K. Nissley
JOHN K. NISSLEY, Col, A.C.
Commanding.

陈华薰参加13-k年班在美国受训的毕业证书

United S... Army

Air Corps Trainin... enter

Be it known that Chen Hua-shun ... trained by the United States Army, has satisfactorily ...leted the course of instruction prescribed for Advanced Pilot Training

In testimony whereof and by virtue of ...ted authority I do confer upon him this

DIPLOMA

Given at Luke Field, Phoenix, Arizona this Fifth day of December in the year of our Lord one thousand nine hundred and forty-three.

Attest: JOHN K. NISSLEY, Col, A.C. Commanding.

美国陆军空军训练中心

兹宣布陈华薰接受了由美国陆军进行的训练，并圆满完成了高级飞行员训练所规定的科目。经权威部门批准，特授予此证书。

1943年12月5日于亚利桑那州凤凰城路克菲尔德

司令员约翰尼斯雷上校（签名）

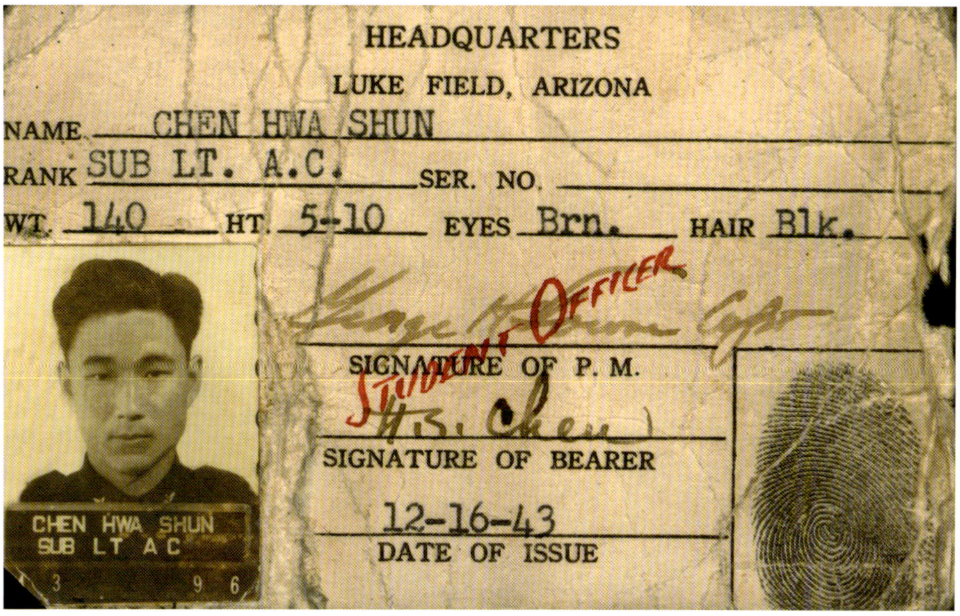

HEADQUARTERS

LUKE FIELD, ARIZONA

NAME CHEN HWA SHUN

RANK SUB LT. A.C. SER. NO.

WT. 140 HT. 5-10 EYES Brn. HAIR Blk.

STUDENT OFFICER

SIGNATURE OF P. M.

H. S. Chen

SIGNATURE OF BEARER

12-16-43

DATE OF ISSUE

CHEN HWA SHUN
SUB LT A C

亚利桑那州路克菲尔德司令部

姓名：陈华薰

军衔：陆军少尉

体重140磅，身高5尺10寸，眼睛棕色，头发黑色

签发人：（签名）

持证人：陈华薰（签名）

日期：1943年12月16日

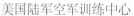

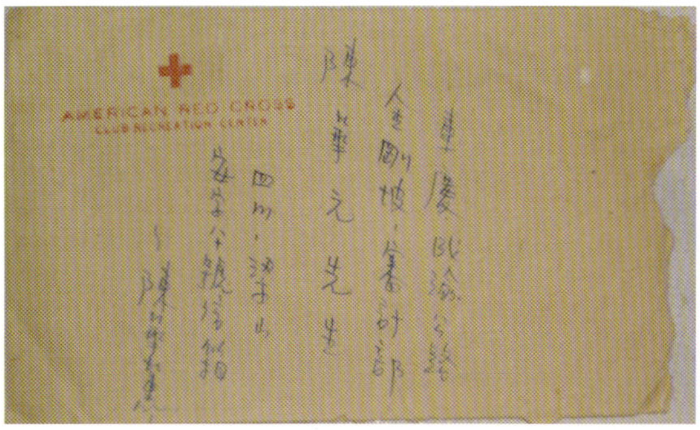

陈华薰致兄华元的函“封”，美国红十字会俱乐部娱乐中心，上：美国陆军；中：空军；下：亚利桑那州路克菲尔德司令部（空军）基地

让日本空军闻风丧胆的飞虎队P-40鲨鱼式战斗(陈华薰当年驾驶的就是P-40—675号战斗机)

飞虎队P-40鲨鱼式战斗机编队飞行

P-40战斗机在机场等待出征命令

1943—1945年，第14航空队小股部队曾进驻杭州基地 (艾伦·拉森摄)

中美混合联队第14航空队在重庆白市驿训练基地 (威廉·迪柏摄)

抗战期间中国空军在杭州基地进行训练 (艾伦·拉森摄)

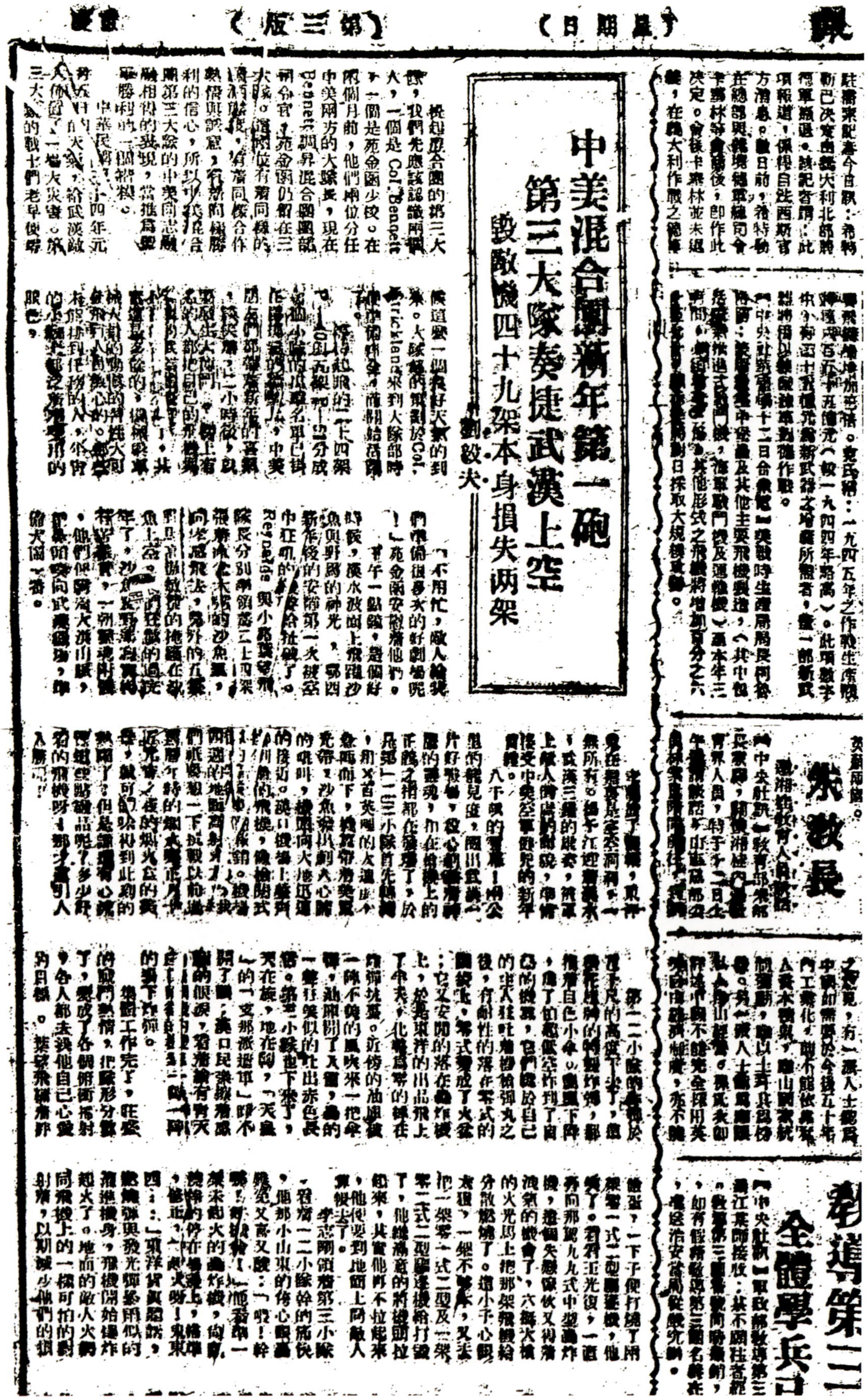

中美混合團新年第一砲
第三大隊奏捷武漢上空
毀敵機四十九架本身損失兩架

劉毅夫

提起混合團的第三大隊，我們先應該認識兩個人，一個是Col. Bennett，一個是死命團少校。在兩個月前，他們兩位分任中美兩方的大隊長，現在Bennett調昇混合團團部副令官，死命團仍留在三大隊。

1945年1月14日重庆版《大公报》局部放大（上）

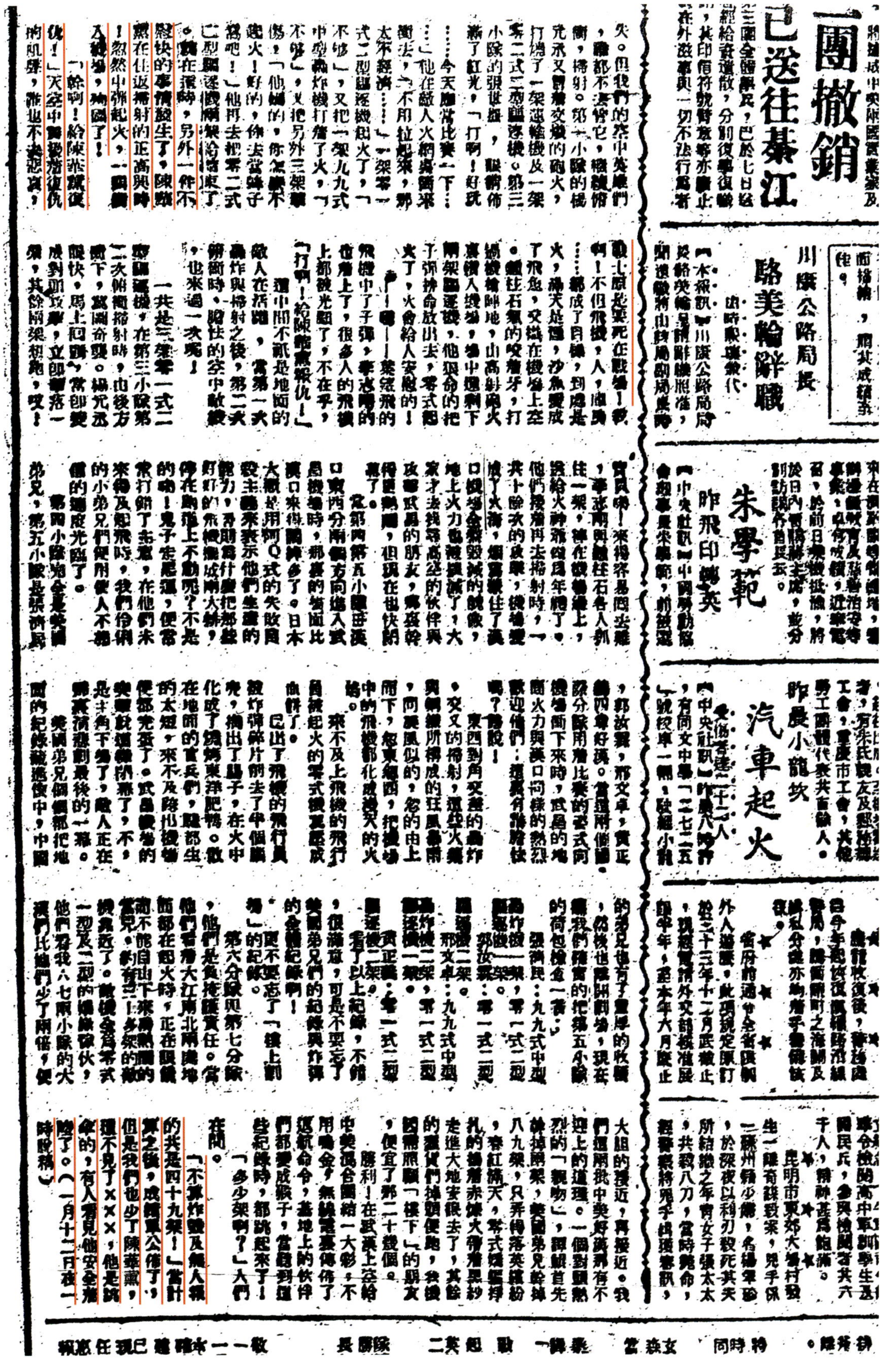

一團撤銷
已送往綦江

川康公路局長
駱美輪辭職

朱學範
昨飛印轉英

汽車起火
昨晨小龍坎

……他在敵人火網裏衝來衝去，……不用拉起來，那太笨經濟……

……今天應當比賽一下……

「給陳兆熏報仇！」

一共是三架零一式二型驅逐機……

「幹啊！給陳兆熏報仇！」

「不算炸毀及燒毀的共是四十九架！」

1945年1月14日重庆版《大公报》局部放大（下）

大公報

西線美軍攻荷法利斯
盟軍擊破阿登陣地北部

維斯杜拉河西岸
德稱蘇軍發動新攻勢

中美混合團新年第一砲
第三大隊奏捷武漢上空
毀敵機四十九架本身損失兩架

美積極增加生產

孫院長講戰後經建

劫後貴州

教導第三團撤銷
全體學兵已送往綦江

宜賓法院辦案草率

汽車起火

昆明雜綴

渝市點滴

體育

（154） 59

1945年1月14日，重庆版《大公报》第三版刊载题为《中美混合团新年第一炮　第三大队奏捷武汉上空：毁敌机四十九架本身损失两架》，报道了陈华熏烈士在1月5日这次对日寇战役中的英勇事迹

美機千架猛炸日本
投彈四千噸火燒工業區
九州西部沿海亦再被炸

抗戰八週年紀念
美英領袖電蔣主席
邱相保證決全力擊日
美總統稱敵即將摧毀

中英政府締結協定

英國文化委會祝賀

陳部長報告軍事

桂南我軍迫鎮南關
柳城東北進攻中渡

美機襲越南
炸沿海敵船

陪都各界紀念大會

國府命令

國民政府七月七日令：行政院呈，請將故員黃志卿，鄭俊，李景熙等三員追贈為空軍上尉；陳華薰，鄧世榮，吳少讓等三員追贈為空軍中尉，應照准，此令。

1945年7月8日《大公报》发布追授陈华薰烈士为空军中尉的消息

中華民國三十四年　一月五日　　六二

集體工作完了，旺盛的戰鬥熱情把隊形分散了，變成了各個俯衝掃射，各人都去找他自己心愛的目標。葉望飛繃着胖臉蛋，一下子便打燒了兩架零一式二型驅逐機，他笑了。看看王光復，一直奔向那架九九式中型轟炸機，那個失戀傢伙又得着洩氣的機會了，六挺大槍的火光馬上把那架飛機給分散燃燒了。這小子心眼太狠，一架不够本，又去把一架零一式二型及一架零二式二型驅逐機給打毀了，他纔滿意的將機頭拉起來，其實他再不拉起來，他便要到地面上同敵人算帳去了。

李志剛領着第三小隊，看着一、二小隊幹的痛快，他那小山東的倖心眼裏難免又喜又酸：「喂！幹哪！好機會！」他看準一架未起火的轟炸機，尚自僥倖的停在場邊上，瞄準、修正，「起火呀！鬼東西……」東洋貨眞聽話，燃燒彈與發光帶暴雨似的灌進機身，飛機開始爆炸起火了。地面的敵人火網同飛機上的一樣可怕的對射着，以期減少他們的損失。但我們的空中英雄們，誰都不去管它，繼續俯衝，掃射。第一小隊的楊元丞又冒着交熾的砲火，打燒了一架運輸機及一架零二式二型驅逐機。第三小隊的張世口，眼睛佈滿了紅光，「打啊！好玩……今天應當比賽一下……」他在敵人火網裏衝來衝去，「不用拉起來，那太不經濟……」一架零一式二型驅逐機起火了，「不够」，又把一架九九式中型轟炸機打着了火，「不够」，又把另外三架擊傷，「他媽的，你怎麼不起火！好的，你去當蜂子窩吧！」他再去把零二式二型驅逐機兩架給結束了。就在這時，另外一件不愉快的事情發生了，陳華薰在往返掃射的正高興時－忽然中彈起火，一頭衝入機場，殉國了！

「幹啊！給陳華薰復仇！」天空中震盪着復仇的吼聲，誰也不去悲哀，戰士原是要死在戰場！殺啊！不但飛機，人，庫房……都成了目標，到處是火，滿天是煙，沙魚變成了飛魚，交織在機場上空。鐘柱石氣的咬着牙，打過機槍陣地，由高射砲火裏鑽入機場，場中還剩下兩架驅逐機，他狠命的把子彈拚命放出去，零式起火了，火會給人安慰的！

——噢——葉望飛的飛機中了子彈，李志剛的也着上了，很多人的飛機上都被光顧了，不在乎，「打啊！給陳華薰報仇！」

這中間不祗是地面的敵人在活躍，當第一次轟炸與掃射之後，第二次俯衝時，膽怯的空中敵機，也來過一次呢

《中华民国史事纪要（初搞）　民国三十四年（1945）》（一至四月份）

和中國大陸了。

口口告訴我們，剩余的一半勝利，已進入最後階段。和平必定屬于民主，法西斯强盗終必滅亡！（明）

七月八日

國府命令

國民政府七月七日令：行政院呈，請將故員黃志卿，鄭俊，李景熙等三員追贈爲空軍上尉；陳華薰，寧世榮，吳文謨等三員追贈爲空軍中尉，照准，此令。（大公報）

蔣主席在參政會開幕致詞

（中央社訊）經過八年來全國艱苦抗戰，現已勝利在望，而領導全國抗戰建國之中國國民黨爲實現五十年來革命目的，已決定召集國民大會，實施憲政。當此建國大業轉入新階段之前夕，代表我國民意之最高機構——國民參政會第四屆第一次大會，于七日在軍委會大禮堂開幕，中樞抗戰建國八周年紀念亦合並擧行。參加中樞首長，各國使節，參政員及來賓共八百余人。儀式于九時開始，大會主席張伯苓陪同蔣主席步入主席臺時，受熱烈之鼓掌歡迎。行禮時並爲抗戰陣亡將士與死難同胞默念三分鐘。

主席張伯苓致開會辭，盛道八年來全國在領袖賢明領導與軍民用命，用能克服艱難局面之成就。蔣主席在熱烈歡迎中致詞達二十五分鐘，對國際形勢，對日軍事及政府實施憲政之決心，闡述甚詳，並希望參政會站在國家民族利益之立場，提出合理之主張。參政員周炳琳致答辭，旋即禮成。十一時接開預備會議，出席參政員二百零八人及秘書長邵力子，副秘書長雷震。仍由張伯苓主席。選擧主席團，並推定邱昌渭，周謙冲，王化民三參政員監選，預定下午揭曉，至十一時十分散會。下午首次大會，開始聽取政府施政報告。將由軍政部陳部長誠出席報告。

蔣主席在國民參政會開幕致詞，全文如下：

主席，各位參政員先生：

三二七

《中华民国史史料长编 民国三十四年》（二）

312 飞行团（1945 年 2 月又补充第 409 轰炸机大队共 3 个 B－24 轰炸机中队）直接支援粤汉铁路沿线之中国军队作战，并切断中国南部和东南部的日军战线，以及同蒲、京汉、陇海、津浦、平汉、京绥等铁路线。同时，对敌空军进行歼灭作战。

中、美空军经短暂时间休整后，遂以湖北的老河口（汉口西北 300 公里）、湖南的芷江（汉口西南约 600 公里）两个机场为主要前线基地，以华东的遂川、赣州、韶关、建瓯等为辅助机场，向中国战场上的日军发动了全面的大反攻。

1945 年 1 月 5 日，中美空军混合团第三大队出动 23 架 P－40 战斗机、5 架 P－51 战斗机自老河口机场起飞，出击敌在武汉的三个机场。是役，共炸毁汉口地面敌机 30 架、武昌地面敌机 9 架，在空战中击落敌机 10 架。我方仅损失飞机 2 架，飞行员陈华薰、宁世荣在空战中阵亡。

6 日，中美空军混合团第三大队的飞机再袭武汉。

11 日，中美空军混合团第三大队出动 P－40 和 P－51 战斗机各 11 架，向武汉敌空军基地发动了第三次攻击，并与敌机 30 架展开激烈的空战。是役，我击落敌机 7 架，击伤 2 架，并炸毁地面敌机 5 架，重伤 11 架。我 P－51 战斗机 3 架、P－40 战斗机 1 架在空战后未能返航。这三次出击，共击落敌机 71 架、击伤 57 架（包括美国飞行员成果。三次作战中，美国飞行员损失飞机 8 架，阵亡 4 人）。武汉地区的敌空军主力已基本被我空军歼灭。1 月中旬，敌被迫将第五航空军的司令部从武汉撤回至南京。

从 1945 年 1 月起，中国空军第四大队以四川的梁山机场为基地，多次攻击广西北部河池地区的日军，给妄图进犯贵州的日军以沉重打击。中美空军混合团第一大队则多次袭击长沙、衡阳一带敌军，第五大队亦以长沙、衡阳、湘乡、零陵等的铁路线和洞庭湖的敌运输船队为目标，发动攻击。美国第十四航空队全线

· 292 ·

2000年唐学锋著《中国空军抗战史》

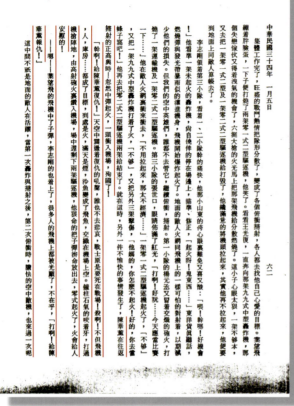

二、紫金山巅慰忠魂

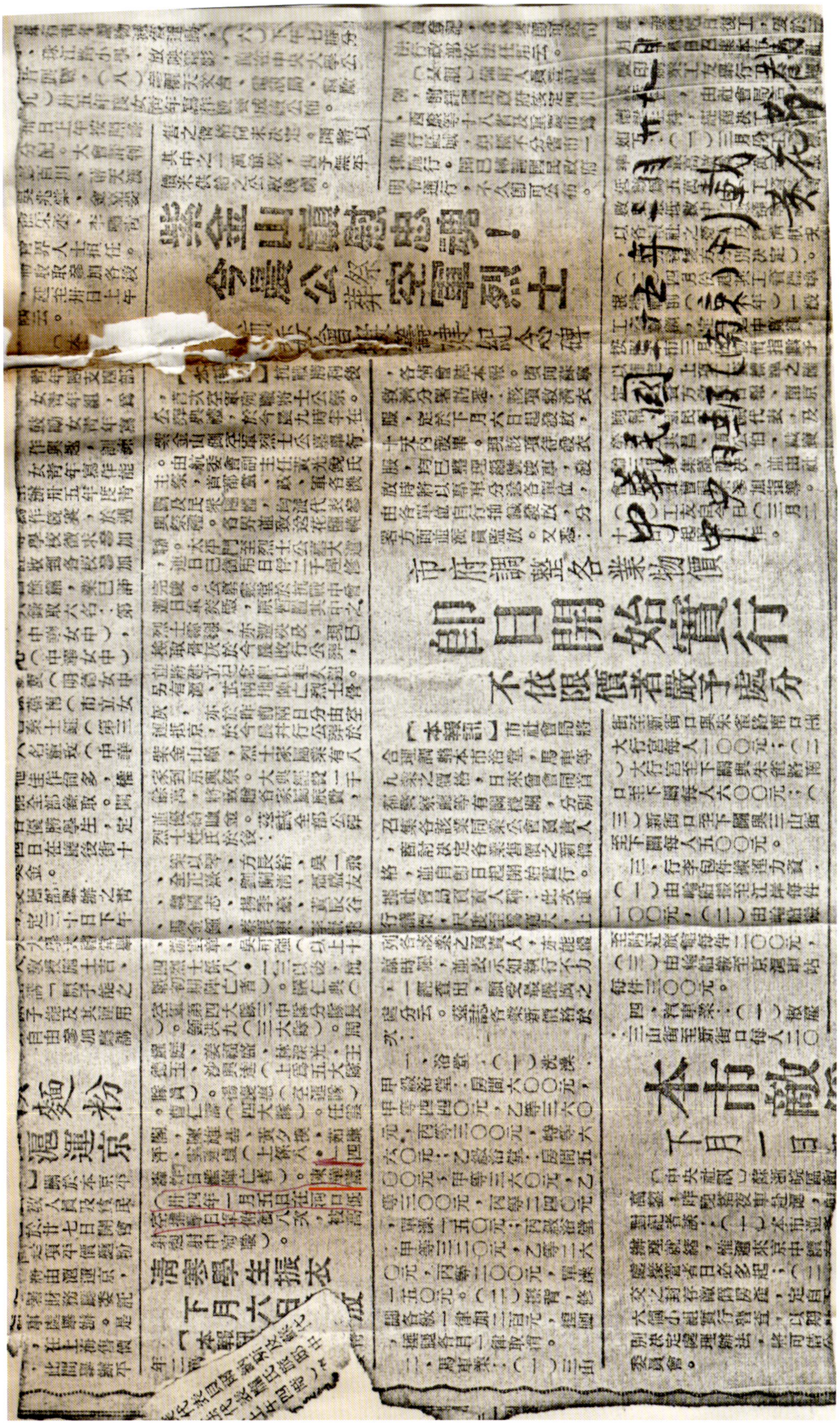

紫金山巔慰忠魂！

今日公祭空軍烈士

航委會擬籌建紀念碑

市府調整各業物價

即日開始實行

不依限價者嚴予處分

1946年3月29日，《中央日报》南京版刊载题为《紫金山巅慰忠魂！今日公祭葬空军烈士 航委会拟筹建纪念碑》（1945年1月5日陈华薰在汉口低空扫击日寇俯冲八次被高射炮射中殉职）

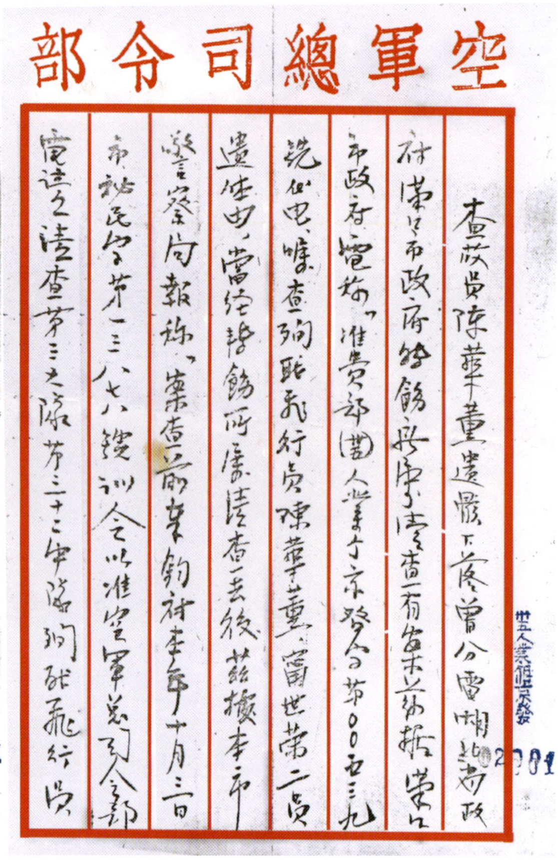

空軍總司令部

查空军员陈华薰遗骸下落，曾分电湖北省政府、常德市政府转饬安乡县查有案并据常德市政府电称："准贵部（卅五）人业字京发字第〇〇五三九号代电，嘱查询驱逐飞行员陈华薰、曾世荣二员遗体由，当经转饬所属详查去后，兹据本市警察局报称：案查前奉钧府本年十月三日市秘民字第一三八六号训令，以准空军总司令部电请查第三大队第三十二中队驱逐飞行员

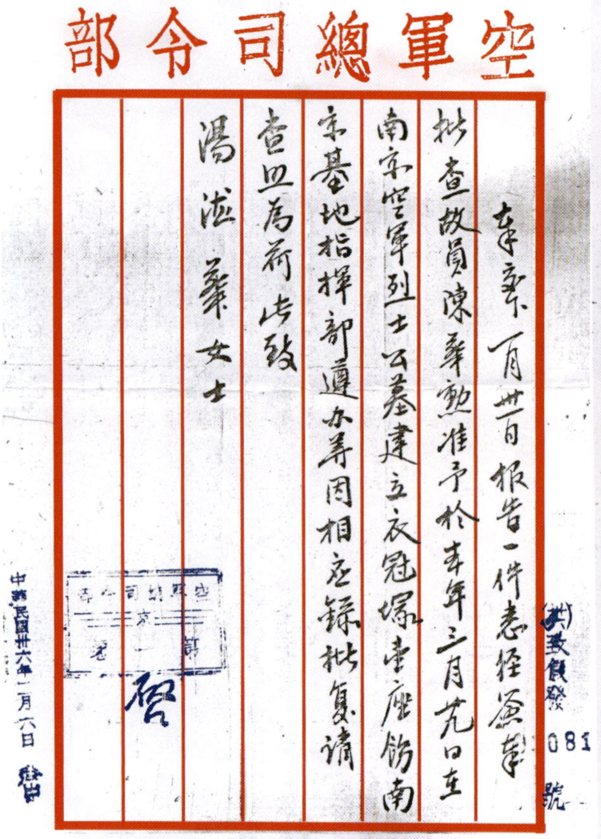

空軍總司令部

等案 一月卅日报告一件，志经签奉
批：查故员陈华勋准予于本年三月廿九日在
南京空军烈士公墓建立衣冠冢，经饬南
京基地指挥部遵办等因，相应录批复请
查照为荷，此致
冯滋华女士

1946年12月19日，国民政府空军总司令部发布公函（上、下图），查询陈华薰烈士遗骸下落

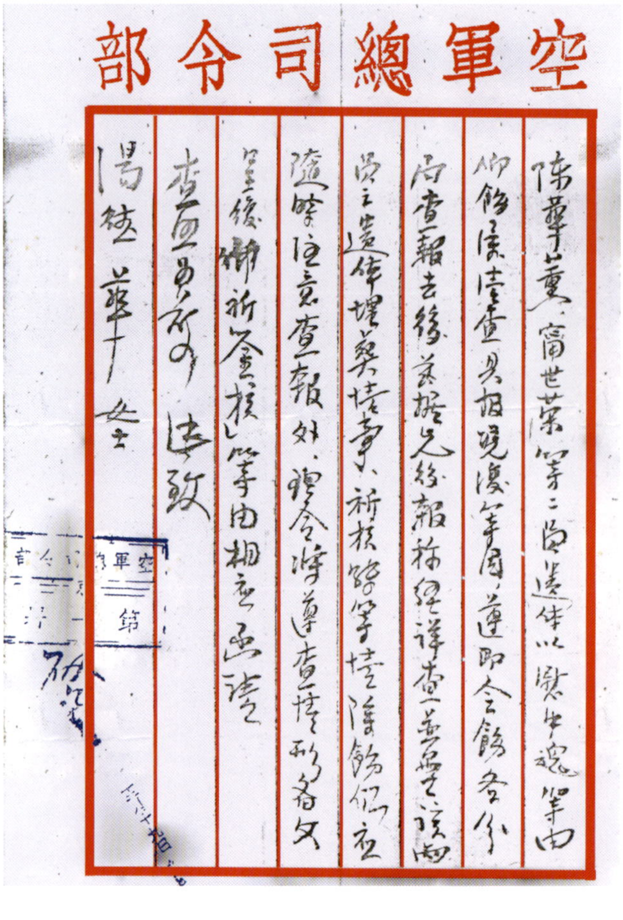

空軍總司令部

陈华薰、曾世荣等二员遗体以凭核办等由
仰饬属详查具报，现复等因，并即令饬各分
局查报去后，兹据各分局报称经详查，并无该两
员之遗体埋葬情事，据情前来，除饬仍应
随时注意查报外，理合将遵查情形，备文
呈复，鉴核祈核等由，相应函请
查照为荷，此致
冯兹华女士

1947年2月6日，国民政府空军总司令部发布公函：准予1947年3月29日在南京紫金山空军烈士公墓建立陈华薰烈士衣冠冢一座

南京紫金山空军烈士公墓建立的陈华薰烈士衣冠冢（一）

南京紫金山空军烈士公墓建立的陈华薰烈士衣冠冢（二）

南京紫金山空军烈士公墓建立的陈华薰烈士衣冠冢（三）

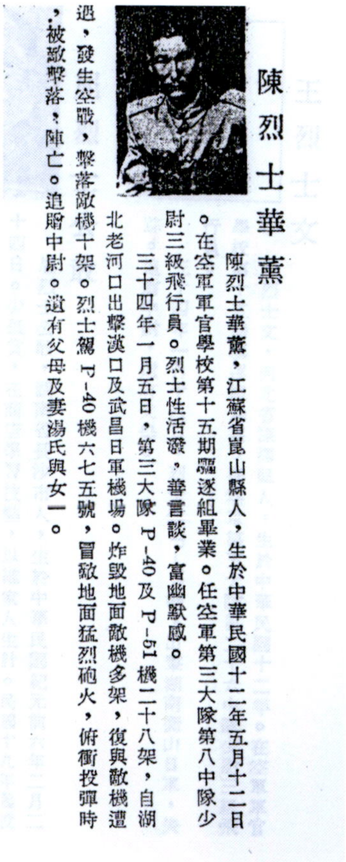

陳烈士華薰

陳烈士華薰，江蘇省崑山縣人，生於中華民國十二年五月十二日。在空軍軍官學校第十五期驅逐組畢業。任空軍第三大隊第八中隊少尉三級飛行員。烈士性活潑，善言談，富幽默感。三十四年一月五日，第三大隊P-40及P-51機二十八架，自湖北老河口出擊漢口及武昌日軍機場。炸毀地面敵機多架，復與敵機遭遇，發生空戰，擊落敵機十架。烈士駕P-40機六七五號，冒敵地面猛烈砲火，俯衝投彈時，被敵擊落，陣亡。追贈中尉。遺有父母及妻湯氏與女一。

南京紫金山航空烈士陵园珍藏的《航空英烈册》第491页，刊载陈华薰烈士的英勇事迹

南京抗日烈士陵园纪念碑全貌

南京航空烈士陵园雕塑

南京抗日航空烈士陵园纪念碑，已铸刻烈士英名3306个（其中中国烈士882名，苏联烈士236名，美国烈士2186名，韩国烈士2名），每个来此凭吊者抚摸着他们的名字，都忍不住泪水盈眶

1995年，陈华越先生（陈华薰烈士胞弟）赴南京参加抗日战争胜利50周年纪念活动，其间瞻仰南京航空烈士纪念碑，并向胞兄陈华薰烈士陵寝敬献鲜花（纪念碑上铸刻着陈华薰烈士姓名）

革命烈士证明书

陳华薰 同志 对日作战 壮烈

牺牲，经批准为革命烈士。特发此证，以资褒扬。

中华人民共和国民政部

一九八八年 九月 七日

1988年9月7日，国家民政部颁发的革命烈士证明书

陈华薰留美时用的皮箱（弟陈华越收藏并捐赠）

陈烈士胞弟陈华越先生捐赠的烈士遗物皮箱，2012年11月17日，在成都由陈华越女儿国芳（右）将皮箱交给陆裕华（陆宜泰馆长之子），带回锦溪杰出人物馆收藏

七十多年过去了，陈华薰遗物皮箱上的英文名字仍然很清晰

陈华薰遗物：领徽、美国飞行徽

陈华薰遗物：美航空队标志的编织物

“飞虎队”（中美混合联队）标识

陈华薰遗物：上为美军校学生臂章，右为少尉官肩章，左为领徽，下为鹰章

陈华薰遗物：早期航校飞行章

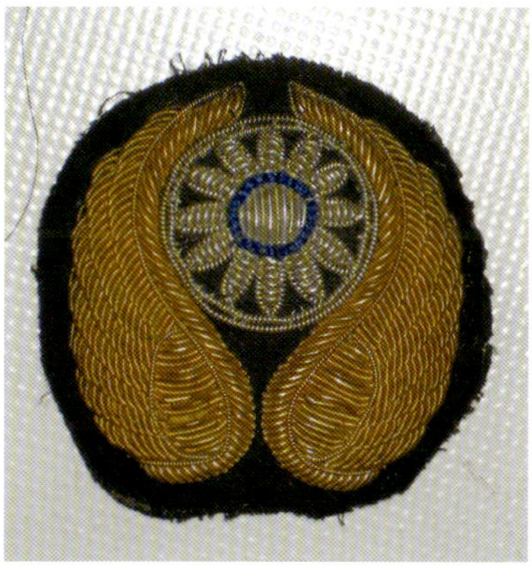

陈华薰遗物：中国空军帽徽

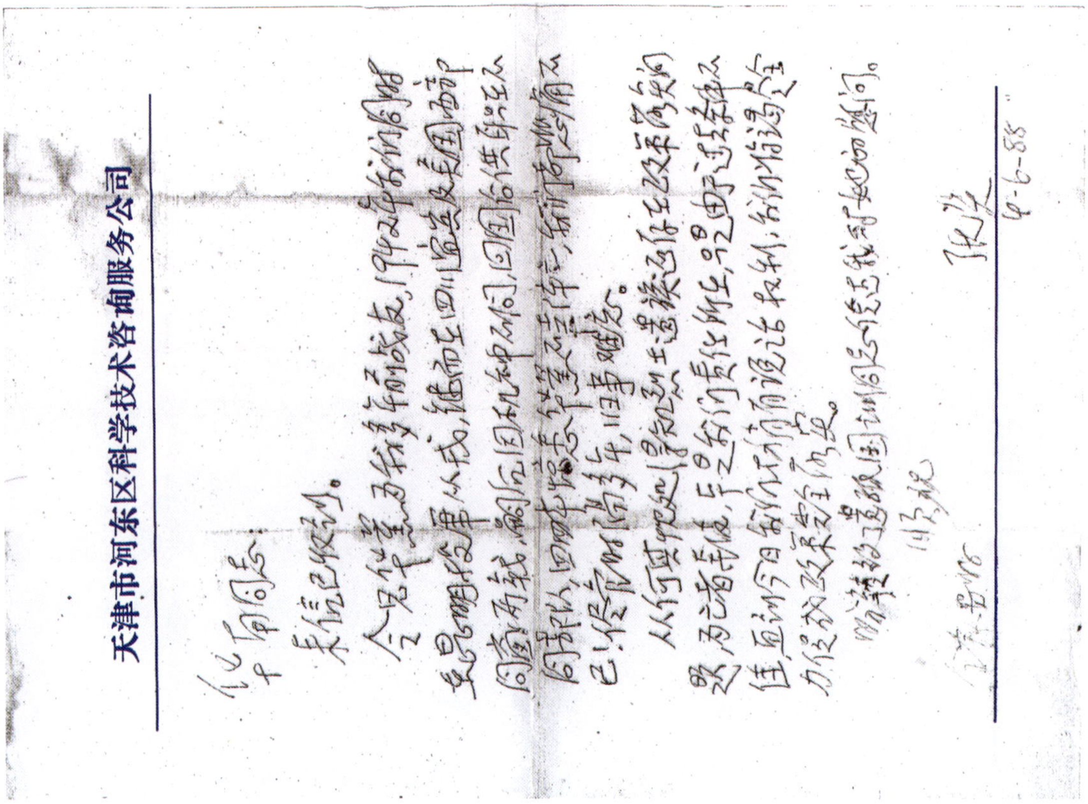

天津市河东区科学技术咨询服务公司

华南同志：

来信已收到。

令兄华薰与我多年前战友，1942年我们同时在昆明投军从戎，继而在四川宜宾及美国西部同窗两载，而后因机种不同，回国后供职不同部队，四哥竟忠骨无存，我们都悲痛不已！但毕竟时隔多年，旧事难忘。

从何其忱处得知烈士遗孀还存在政策落实问题，而亡者长逝，乃是我们责任所在，只是由于过去年代不佳，直到今日我们才有说话权利，我们愿竭尽全力促成政策完全落实。

盼转致遗孀同志，代达我对她的慰问。

顺祝

全家安好

张炎

4-6-88

1988年6月4日，陈华薰烈士生前战友张炎回复烈士弟弟陈华南的亲笔函

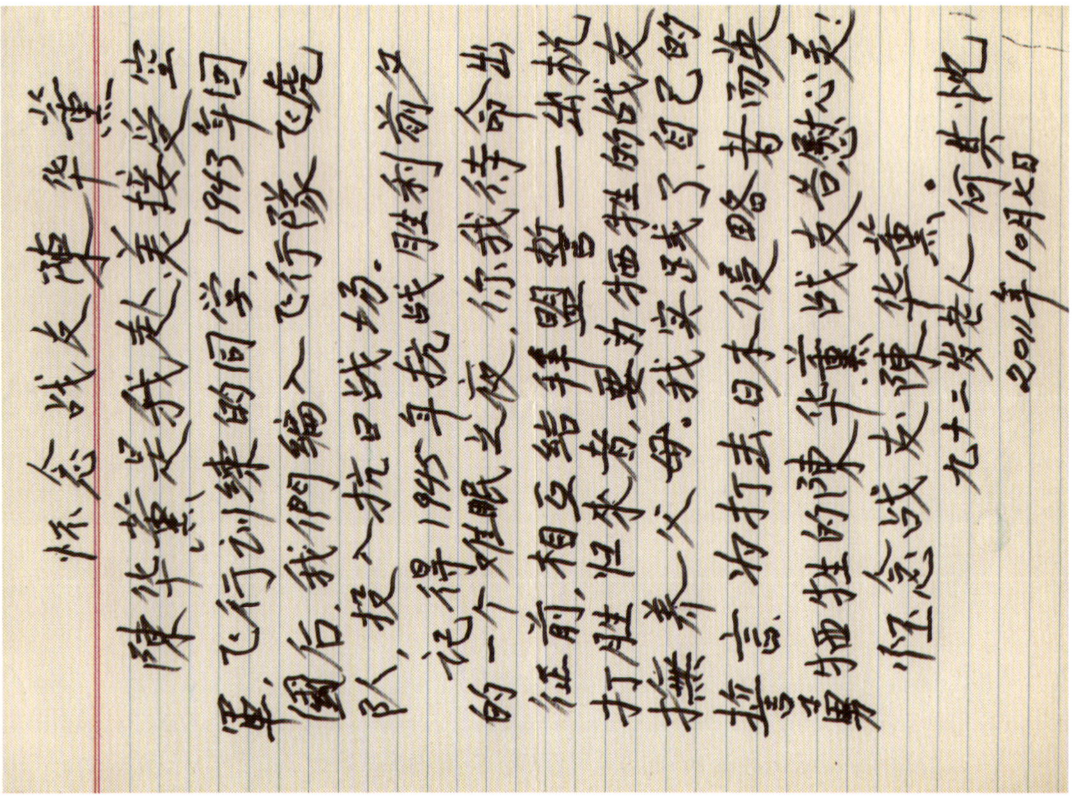

怀念战友陳华薰

陳华薰是我赴美接受空軍飞行训练的同学，1943年回國后，我們編入飞行隊飞虎队，投入抗日战场。

记得1945年抗战胜利前夕的一个难眠之夜，你我待命出征前，相互结拜盟誓一出抗打胜归来者，要为牺牲的战友撫养父母。我实践了自己的誓言，为打击日本侵略者而英勇牺牲的陳华薰战友告慰心灵！

怀念战友陳华薰。

九十二岁老人 何其忱

2011年10月七日

2011年10月7日，陈华薰烈士生前亲密战友（结拜兄弟）时年92岁的飞虎队老兵何其忱（何培茂）亲笔书写怀念战友壮烈殉国事迹

2015年5月，何其忱与女儿（后）摄于天津寓所

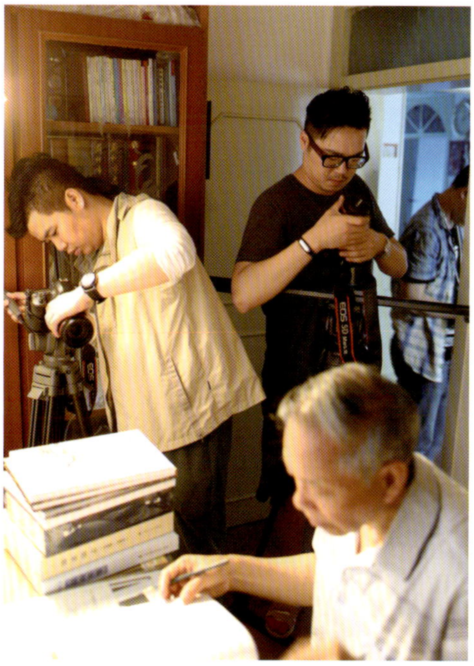

2015年，抗战胜利70周年纪念之际，锦溪镇政府会同昆山市民政局和党史研究室一道成功拍摄陈三才、陈华薰两烈士专题电视片，其间对本书编者采访

编者为查询档案资料使用过的部分阅览证

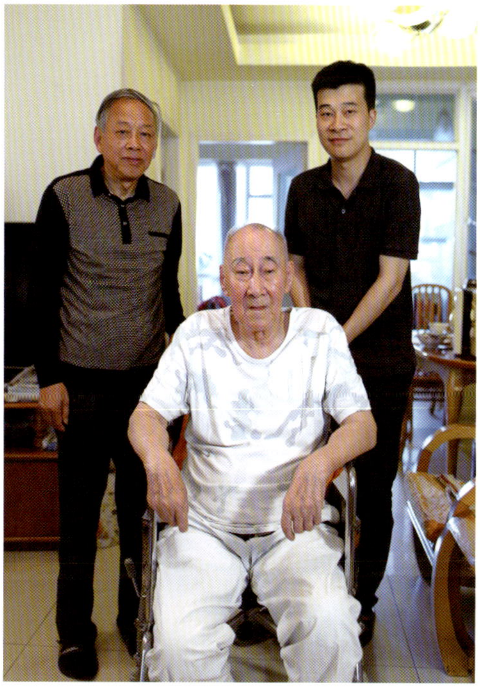

2015年，成功拍摄陈三才、陈华薰两烈士专题电视片，其间对陈华薰弟弟陈华越（中）采访，本书编者陆宜泰（左）、编导韩真（右）陪同

陈华薰烈士故乡江苏昆山市锦溪镇革命烈士陵园正门口

昆山市锦溪镇革命烈士陵园烈士纪念堂全貌

昆山市锦溪镇革命烈士陵园烈士纪念堂内景

昆山市锦溪镇革命烈士陵园烈士纪念堂内的烈士生平展板

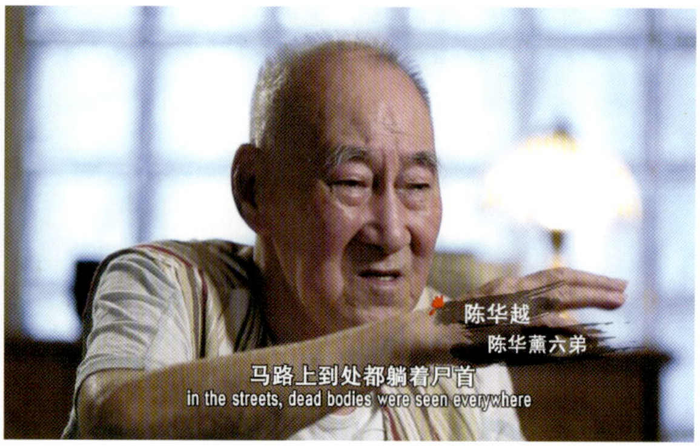

2015年拍摄的《鹰击长空陈华薰》专题片有关镜头

他还会不会有第九次俯冲

——抗日航空烈士陈华薰

韩树俊

南京抗日航空纪念馆，抗日航空纪念碑，1466名英烈，庄严中，我找到陈华薰的名字。

烈士家乡昆山，锦溪革命烈士陵园，陈华薰烈士遗物冢。肃穆中，我听到战斗机的轰鸣，看到火焰的燃烧。

投笔从戎，水与铁助英才进飞虎队

在香港三育书院读高中，是为躲避日军对广州的轰炸，随家人从广州到香港；

在云南楚雄中学高中毕业，是赶在日军攻打香港之前，全家辗转昆明、楚雄。

考入中法大学物理系，又向往中国空军军官学校，是为头顶上日军飞机肆无忌惮而愤恨！

血管里流着父母勇敢和正直的热血——

父亲陈定谟，留美九年，留美东方学生会主席，泛亚洲会议第一任会长；北京大学、南开大学、复旦大学、中山大学、厦门大学教授；“中美通讯社”创始人之一，率先揭露“二十一条”，引发五四运动……

母亲杨玉洁，“北京妇女救亡会”会长，五四运动一大才女。

天赋异秉缘于父母的基因与思想，机敏刚烈又因受益于港人的聪颖与楚雄彝人的彪悍。面对落在头顶的炸弹，你愤怒发问：中国为什么没有一架飞机能够起飞迎战？！

你毅然投笔从戎。

莫谈书香门第，家境优越；国难当头，匹夫有责！

莫谈中法大学，物理专业；热血男儿，志在沙场！

面对日寇的铁蹄，真枪实弹地去战斗是你的第一选择！

于是，你成了中国空军军官学校驱逐机班学员。

于是，你立志投考中美联合航空大队。

面对美国测试官，1米79的身高却过不了体重关。

你猛然狂饮，水存积于你腹腔的每一个部位；袜子底部你暗藏铁片：水与铁的分量助你过了称重关，你终于成为中美联合航空大队的一员。

美国，亚利桑那州凤凰城，陆军航空兵训练中心，飞行员训练队列里，个头最高、年轻帅气的那一位，就是你——陈华薰！

英才陈华薰，年轻的中国飞虎队员！

鹰击长空，俯冲八次在火与光中永生

你的座驾，P-40鲨鱼式战斗机，675号。机头上画着偌大的“鲨鱼牙”，是你所向披靡的象征。

你的身份，中国飞虎队员。中美空军混合联队第三大队第八中队第四分队少尉三级飞行员，阵亡后追授中尉军衔。

你的任务，空中对决，打地靶，寻找敌军防空设施，炸毁目标区内的日军坦克、地面部队、火车、汽车，压制敌人火力，阻绝其增援。

你的空中对手，日军零式战斗机。

曾经的你，出征频繁，屡建战功。

这一次，1945年1月5日，一个非同寻常的日子。

翻开当年飞行员的纪录——

“扫荡武汉，十二点卅分起飞。

下午一时廿分，驱逐机由孝感进入武汉上空，

出击汉口及武昌日军机场，与敌机遭遇，激烈空战，

击落敌机10架……”

硝烟弥漫，火光冲天。鲨鱼座驾，翱翔在荆楚长空！

俯冲，低飞，再低飞，诱发敌人开火，才能发现隐蔽的防空阵地，继而攻击摧毁；

俯冲，低飞，再低飞，降低一分高度，就多一分被地面火力击中的危险，明知山有虎，偏向虎山行，你一如既往地置生死于度外，燃烧的眼眸里唯有日军的基地，你越战越勇！

俯冲，扫射，投弹，回旋，升空……

冒着地面日军密集的高射炮和高射机枪网猛烈的炮火，认准目标，低空俯冲，连续俯冲八次，扫射八次。

就在第八次俯冲投弹时，不幸被日军高射炮射中。

23岁的你，连同你的鲨鱼座驾P-40-675号机，一同坠毁在冲天的火光中……

战地记者刘毅夫《大公报》撰文——

“中美混合团新年第一炮，

第三大队奏捷武汉上空，

毁敌机四十九架，

本身损失两架”

陈华薰的鲨鱼座驾，就是报道中“损失两架”之一。

23岁的生命定格在抗日航空史的英烈传上。

你即便在八次俯冲中间的任何一次返回都可以荣获军功章，

你却宁可战死沙场也不放过任何一个扫射目标。

珞珈山在呼号，长江水在呜咽，荆楚大地布满着民族复仇的熊熊烈火！

英雄一去不复返，长天悲歌震中华！

……

如果还有第九次回旋，
你，定然会有第九次俯冲，第九次扫射……

（原载2016年8月22日《苏州日报》）

苏州日報

他还会不会有第九次俯冲

——抗日航空烈士陈华薰（散文诗）

□韩树俊

南京抗日航空纪念馆。抗日航空纪念碑。1466名英烈。庄严中，我找到陈华薰的名字。

烈士家乡昆山。锦溪革命烈士陵园。陈华薰烈士遗物冢。肃穆中，我听到战斗机的轰鸣，看到火焰的燃烧。

投笔从戎，水与铁助英才进飞虎队

在香港三育书院读高中，是为躲避日军对广州的轰炸，随家人从广州到香港；

在云南楚雄中学高中毕业，是赶在日军攻打香港之前，全家辗转昆明、楚雄。

考入中法大学物理系，又向往中国空军军官学校，是为头顶上日军飞机肆无忌惮而愤恨！

血管里流着父母勇敢和正直的热血——

父亲陈定谟，留美九年，留美东方学生会主席，泛亚洲会议第一任会长，曾任北京大学、南开大学、复旦大学、中山大学、厦门大学教授，"中美通讯社"创始人之一，率先揭露"二十一条"，引发五四运动……

母亲杨玉洁，"北京妇女救亡会"会长，五四运动一大才女。

天赋异秉缘于父母的基因与思想，机敏刚烈又受益于港人的聪颖与楚雄彝人的彪悍。面对落在头顶的炸弹，你愤怒发问：中国为什么没有一架飞机能够起飞迎战？！

你毅然投笔从戎。

莫谈书香门第，家境优越；国难当头，匹夫有责！

莫谈中法大学，物理专业；热血男儿，志在沙场！

面对日寇的铁蹄，真枪实弹地去战斗是你的第一选择！

于是，你成了中国空军军官学校驱逐机班学员。

于是，你立志投考中美联合航空大队。

面对美国测试官，1.79米的身高却过不了体重关。

你猛然狂饮，水存积于你腹腔的每一个部位；袜子底部你暗藏铁片：水与铁的分量助你过了称重关，你终于成为中美联合航空大队的一员。

美国。亚利桑那州凤凰城。陆军航空兵训练中心。飞行员训练队列里，个头最高、年轻帅气的那一位，就是你——陈华薰！

英才陈华薰，年轻的中国飞虎队员！

鹰击长空，俯冲八次在火与光中永生

你的座驾，P-40鲨鱼式战斗机。675号。机头上画着偌大的"鲨鱼牙"，是你所向披靡的象征。

你的身份，中国飞虎队员。中美空军混合联队第三大队第八中队第四分队少尉三级飞行员。阵亡后追授中尉军衔。

你的任务，空中对决，打地靶，寻找敌军防空设施，炸毁目标区内的日军坦克、地面部队、火车、汽车，压制敌人火力，阻绝其增援。

你的空中对手，日军零式战斗机。

曾经的你，出征频繁，屡建战功。

这一次，1945年1月5日，一个非同寻常的日子。

翻开当年飞行员的纪录——

"扫荡武汉，十二点卅分起飞。

下午一时廿分，驱逐机由孝感进入武汉上空，

出击汉口及武昌日军机场，与敌机遭遇，激烈空战，

击落敌机10架……"

硝烟弥漫，火光冲天。鲨鱼座驾，翱翔在荆楚长空！

俯冲，低飞，再低飞，诱发敌人开火，才能发现隐蔽的防空阵地，继而攻击摧毁；

俯冲，低飞，再低飞，降低一分高度，就多一分被地面火力击中的危险，明知山有虎，偏向虎山行，你一如既往地置生死于度外，燃烧的眼眸里唯有日军的基地，你越战越勇！

俯冲，扫射，投弹，回旋，升空……

冒着地面日军密集的高射炮和高射机枪网猛烈的炮火，认准目标，低空俯冲，连续俯冲八次，扫射八次。

就在第八次俯冲投弹时，不幸被日军高射炮射中。

23岁的你，连同你的鲨鱼座驾P-40-675号机，一同坠毁在冲天的火光中……

战地记者刘毅夫《大公报》撰文——

"中美混合团新年第一炮，
第三大队奏捷武汉上空，
毁敌机四十九架，
本身损失两架"

陈华薰的鲨鱼座驾，就是报道中"损失两架"之一。

23岁的生命定格在抗日航空史的英烈传上。

你即便在八次俯冲中间的任何一次返回都可以荣获军功章，你却宁可战死沙场也不放过任何一个扫射目标。

珞珈山在呼号，长江水在呜咽，荆楚大地布满着民族复仇的熊熊烈火！

英雄一去不复返，长天悲歌震中华！

……

如果还有第九次回旋，
你，定然会有第九次俯冲，第九次扫射……

后 记

陆宜泰

锦溪，因境内有溪流穿镇而过，两岸桃柳成荫争芳华，溪水映画如织锦，于北宋年间成名。鱼米之乡、人杰地灵的锦溪，素有“枯灯夜读”之风，因而积淀了丰厚的历史文化，也造就了一代又一代优秀的锦溪人。尊教重文、攻习成风的锦溪，成就了许多历史名人，明清时的宋璟琇、陆允中、陆兆鱼等先生给后人留下了许多点赞和评说。近现代也涌现出数不胜数的名人志士。

40余年来，笔者利用业余时间，对家乡的地方历史、人文史料，进行了深入的调查研究，以及对资料的搜集、考证、整理工作。锦溪古镇被誉为“教授和留学生之乡”，自清末以来即有出洋留学生，至2016年，曾在国外留学和正在国外留学的学子有260多名；正副教授250多名。在这些人中有2名中国科学院院士，2名共和国将军，38人享受国务院颁发的政府特殊津贴。他们在各自的领域里创造了辉煌的业绩，为祖国赢得了荣誉，这是家乡人民的骄傲。

本书主人翁陈三才（定达）、陈华薰就是其中的杰出代表。他们是抗日战争时期的风云人物，忠烈之士。然而，他们的英名却被湮没了整整60个春秋。

1999年8月23日，北京清华大学发给昆山市民政局一封信函：关于该校拟在2001年90周年校庆时，把昆山籍1920级校友陈三才的英名补刻在“祖国儿女　清华英烈”纪念碑上。当时民政局对此事很陌生，后经昆山市政协文史办姜鼎和先生介绍找到笔者，笔者便义不容辞地把多年来收集的有关陈三才烈士的资料，提供给清华大学。多年来，我深为家乡有如此爱国志士、人中豪杰而自豪，油然而生一种责任感，决心要为发扬光大陈烈士的光辉业绩竭尽绵薄。多年来，笔者利用业余时间，自费奔波于苏州、上海、南京、北京等地的档案馆、图书馆，从浩如烟海的史料堆中寻找有关陈烈士的资料。并且通过走访、发函等形式，寻找当年的知情者征集资料。但是，事隔60多年，世事变迁，几经更迭，寻找一条线索，真似大海里捞针，征集到真实的史料谈何容易，仅查阅与抄写就不是一件容易的事，每每看得老眼昏花，颈项僵直。再怎么困难也要坚持，记得有一次，当年定居苏州的乡友陈华焕老人告诉我，抗战胜利后秋天的某日他参加了在上海美国礼拜堂（现衡山路53号国际礼拜堂）由顾毓琇教授主持的陈三才烈士追悼大会。得知这样的线索，我如获至宝，便顺藤摸瓜，千方百计托人了解到顾老的联系地址，于2000年1月18日给远在太平洋彼岸的百岁老人顾毓琇教授写信求证。可贵的是，德高望重的顾老不顾年迈体弱，怀着对故友陈三才的深情厚意，及深深的历史责任感，收信当天即复函（2000年1月28日），就此事提供了有力的证词。此后曾三次得到顾老的亲笔信函，本人深表感激之情。从来信中了解到顾老与陈三才是同龄知己、同窗好友，陈三才当年在杭州西泠饭店举行婚礼时，顾老与刘驭万先生曾前往道贺。1930年陈三才在上海发起组织“中国工程师学会”并推举顾老为副会长。陈三才当时担任上海清华同学会会长、上海联青社社长。抗战胜利后，顾老曾任上海市教育局局长兼交通大学教授，陈三才的英勇事迹曾被编入上海市学生的语文教科书里。60年后的今天已是期颐之年的顾老仍亲笔重录30年前所作的悼念陈三才烈士的诗。足见顾老与陈三才生前的高情隆谊。经过各方努力，2014年12月8日江苏省民政厅终于认定陈三才为烈士。笔者为此努力了16年。

陈华薰烈士是本人历尽多年艰辛，倾注无限心力，经过无数次搜寻考甄，于近年挖掘出来的锦溪名人。记得2010年初春，同窗好友陈华锐向我提供一则信息：20多年前，他当时在故乡陈墓镇（现锦溪镇）阀门厂工作，有一天镇上派出所沈家林所长打电话告诉他，“现在有一位从上海来到陈墓镇寻根的小青年陈国强，他父亲叫陈华镇，不知是不是你的亲族？”当时陈华锐与陈国强见了面，后留下了陈国强父亲在上海的地址、电话。陈华锐对笔者讲，陈国强的祖父陈定谟留学美国，1924年曾与鲁迅同往西安讲学，是一位著名教授。可惜当时陈国强留给华锐的地址、电话目前已经失落，只依稀记得住址大致在上海某处……这个信息当即引起了笔者的极大重视，于是笔者多次与陈华锐联系，敦促他回忆并提供陈国强地址等相关情况，另一方面笔者自己也着手千方百计设法查询陈华镇、陈国强的信息。从全上海许许多多同名同姓的人群中间寻找线索，其难度可以想象。

月复一月，年复一年，苍天不负有心人，终于探索到了笔者要找的上海陈国强的地址。2010年6月7日，笔者试探性地给陈国强寄了一封信，结果还是因“原址查无此人”退了回来，后来笔者又拜托定居上海的一位热心乡友朱康明老师，按址上门查访，在朱老师不厌其烦的寻访下找到一位热心老者，陈国强的邻居，他知道陈国强多年前已搬迁，他翻出陈国强的手机号告诉了朱老师，朱老师当场就与陈国强通了电话，确定他就是昆山籍陈国强，父亲叫陈华镇，昆山陈墓镇人。有心人朱老师立即把这个好消息告诉笔者。笔者即与陈定谟的孙子陈国强联系，陈国强告诉笔者他父亲陈华镇两年前已病故，华字辈现只剩下两个叔叔，一个陈华南在北京，当时已重病缠身（2013年4月病故），他是一位很有成就，享受国务院特殊津贴的教授级高工。另一位是最小的六叔陈华越已年逾八旬，现在成都。从此笔者就与成都四川师大附中退休的高级教师陈华越连续通了五年的电话、信件以及电子邮件（通过他的子女），进一步弄清了陈定谟、陈华薰身世的来龙去脉，并查证了陈家氏族原籍陈墓镇长埭廊的老宅。现年九十岁的陈华越老师，积极热情地提供了许多珍贵的历史资料和照片，尽最大努力地回忆他父亲陈定谟的生平大事和三哥陈华薰烈士的英勇抗日事迹。除了口述历史外，笔者亦千方百计设法查询有关史料，今天终于能汇集编辑这本厚重的图册，这些图片资料得以保存到今天是极其不容易的，它们躲过了旧中国的战乱，躲过了新中国历次政治运动，躲过了十年史无前例的文化浩劫，这是非常难能可贵的。

本图册真实地记录了一个世纪以来，锦溪籍抗日烈士陈三才1932年起投身上海“一·二八”抗战；陈华薰1945年1月，牺牲于武汉抗日战场，跨越14年中不同凡响的抗日英勇事迹。他们既是民族英雄，也是锦溪的代表人物，是锦溪人民的骄傲，那段14年烽火岁月中两位抗日英雄的壮烈牺牲，将是一座永久的不朽丰碑！

在本书的资料采集、编写过程中得到市民政局、镇政府和各级领导，以及社会各界的关心支持，现在终于付梓了，在此向他们表示衷心的感谢！同时感谢美国伍斯特理工学院Worcester Polytechnic Institute档案馆管理员Rodney Gome Obien给予的帮助。感谢北京清华大学档案馆陈兆玲老师、校史研究室陈秉中和王向田老师、校友总会承宪康和钱新康先生，厦门大学档案馆林秀莲老师，以及国家图书馆、中科院图书馆、北京师范大学图书馆、重庆市档案馆和图书馆、南京中国第二历史档案馆、南京金陵图书馆、上海市档案馆、上海图书馆古籍部、苏州图书馆古籍部以及昆山市档案馆等单位的有关同志，为笔者查阅有关资料提供了方便。在查询资料过程中，曾得到陈三才、陈华熏烈士亲属的支持与帮助，还得到刘年玲、甄晓雯、李世虬、孙月红、韩树俊、朱康明等老师的热情帮助，在此谨一并向他们致以诚挚的谢意！为使这些珍贵的照片、图片资料得以很好地保存，笔者在多方征询并经同意的前提下，这次出版尽可能详尽地收录照片、图片资料。对提供这些新的资料的单位和同志也在此一并感谢。

30多年前，从笔者对故乡人文历史着手挖掘、考证、研究开始，到1993年编撰印行《陈墓镇人名录》和2004年出版《当代锦溪人才录》，暑往寒来，专注于自己所撰编的300多位近现代锦溪名人的生平事迹，从不间断地搜寻相关文字资料、函件、著作、照片、实物，数以千计的信函往复，数不清的考据甄别，涓涓滴滴，水到渠成，再通过持续的查询、考证，并不时做出动态的充实与修正，力求真实，使之日趋完善，真正做到事事有出处，件件有实据。通过图册的纪念，增强读者的爱国之情，从而为中华民族的伟大复兴而努力奋斗。同时增强民族凝聚力，使中华民族不再受外敌欺辱。

由于笔者才疏学浅，加之所发生事件年代久远，时空跨度甚大，资料搜集之难度可想而知，故虽殚精竭虑，仍有许多疏误之处，敬祈专家和读者赐正。

2018年5月6日

【主编简介】

陆宜泰，江苏昆山锦溪镇人，1946年10月生。吴郡陆氏第77世孙，昆山水东陆氏第20世孙。长期致力于传统文化和人文历史的挖掘、考证、研究。

曾为《苏州通志》《当代苏州人才录》《昆山县志》《当代昆山人才录》等撰稿和提供珍贵的照片资料。先后主编《陈墓镇人名录》《清华英烈陈三才（中英文）》《当代锦溪人才录》《历代文人咏锦溪》《名人与锦溪》《锦溪镇杰出人物》纪念专辑系列丛书等。现为苏州市科技史学会会员、苏州市南社研究会会员、昆山市人才学会理事、昆山市关工委辅导员、锦溪镇杰出人物馆及陈三才烈士纪念馆馆长、锦溪镇乡友之家联谊会会长、无锡陆氏宗亲会第一届副秘书长。曾先后在各类报刊上发表文章数十篇。